Friedrich Eras

König David trifft das tapfere Schneiderlein

Märchen deuten die Bibel

Mit Scherenschnitten
von Hildegard Bräu

Claudius

Bibliografische Information Der Deutschen Bibliothek
Die Deutsche Bibliothek verzeichnet diese Publikation in der
Deutschen Nationalbibliografie;
detaillierte bibliografische Daten sind im Internet über
http://dnb.ddb.de abrufbar

Birkerstraße 22, 80636 München
www.claudius.de

Umschlaggestaltung: Anne Halke, München
Gesamtherstellung:
Buch- und Offsetdruckerei Sommer, Feuchtwangen

ISBN 3-532-62288-2

Inhalt

Vorwort

Meistens gehen Märchen gut aus. Wie verwickelt die Schicksale sein mögen, am Ende löst sich der Knoten, kehrt das Glück zurück und wer gelitten hat, darf sich freuen. Diese letzte Zuversicht haben die Märchen mit der biblischen Botschaft gemeinsam. Deshalb nennen wir den Kern dieser Botschaft Evangelium, das heißt „gute Nachricht".

Märchen sind wieder modern. Nach einer Zeit, in der man sie geringschätzig liegen ließ, erfreuen sie sich neuer Aufmerksamkeit. Zahlreich sind die Versuche, sie psychologisch zu deuten und pädagogisch zu würdigen. Auch biblische Texte erleben dieses Auf und Ab, werden fast vergessen und immer wieder neu entdeckt.

Märchen sind Geschichten für Erwachsene. Obwohl uns manche Märchen seit Kindertagen begleiten, sind sie doch nicht zuerst für Kinder gedacht. Von den Geschichten und Texten der Bibel muss man das auch sagen. Das schließt nicht aus, sie auch Kindern zu erzählen. Aber Erwachsene werden ihnen mit tieferem Verständnis begegnen.

„Wer Ohren hat zu hören, der höre", hat Jesus gelegentlich am Schluss einer Gleichnisgeschichte gesagt. Es bedarf sowohl für die Märchen wie für viele biblische Geschichten eigentlich keiner Voraussetzungen, um durch sie angerührt zu werden.

Offenheit, Anteilnahme, Geneigtheit genügen – und die Bereitschaft, sich betreffen zu lassen.

Die Märchen, die hier zusammenfassend nacherzählt werden, sind zum größten Teil aus der Sammlung der Gebrüder Grimm genommen, einige stammen von Hans Christian Andersen. Die Idee, sie mit der biblischen Botschaft in Beziehung zu bringen, leitete die Auswahl einiger der bekanntesten „Hausmärchen".

Hildegard Bräu hat Scherenschnitte zu den Märchen gestaltet. Ihr danke ich an dieser Stelle besonders, auch für die Anregung zu diesem Büchlein.

Friedrich Eras

Dornröschen

„Furcht ist nicht in der Liebe.“

Ein König und seine Frau hatten sich lange schon ein Kind gewünscht, bis endlich ein Mädchen geboren wurde, ein besonders schönes Mädchen. Der König freute sich sehr und lud zu einem großen Fest ein, nicht nur die Verwandtschaft, sondern auch die weisen Frauen, dreizehn an der Zahl. Allerdings gab es bei Hofe nur zwölf goldene Teller, weswegen eine der Frauen daheim bleiben musste. Die anderen kamen und beschenkten das Kind mit ihren Wundergaben, Tugend, Schönheit, Reichtum und allem, was man sich wünschen kann. Als die elfte weise Frau ihren Spruch getan hatte, trat überraschend die beleidigte dreizehnte auf und rief mit lauter Stimme: „Wenn die Tochter fünfzehn ist, soll sie sich an einer Spindel stechen und tot umfallen.“ Zum Glück hatte die zwölfte ihren Wunsch noch nicht getan. Darum rief sie: „Nicht sterben soll sie, sondern nur hundert Jahre schlafen.“

Der König war nun sehr beunruhigt. Vorsorglich ließ er alle Spindeln in seinem Reich verbrennen. Doch als das Mädchen fünfzehn Jahre alt war und die Eltern gerade außer Haus, stöberte es um das ganze Schloss herum, kam an einen Turm, stieg die Wendeltreppe hinauf und fand dort in einer mit einem rostigen Schlüssel verschlossenen Kammer eine alte Frau, die gerade beim Spinnen war. Und tatsächlich: Das Mädchen stach sich in den Finger. Im selben Augenblick fiel es in einen tiefen Schlaf und mit ihm das ganze Schloss und alle, die sich dort aufhielten, auch die inzwischen zurückgekehrten Eltern. Alles schlief. Und rings ums Schloss wuchs eine Dornenhecke, von Jahr zu Jahr höher, bis das Schloss ganz überwachsen war. Ab und zu kamen noch Königssöhne, die von der schlafenden Königstochter – jetzt sprach man nur noch von Dornröschen – erfahren hatten. Aber keiner konnte ins Schloss vordringen, sie starben alle in der Hecke.

Viele Jahre später kam wieder ein Königssohn. „Ich fürchte mich nicht“, sagte er. Es waren nun aber gerade die hundert Jahre vergangen. Deswegen öffnete sich die Hecke von selbst und die Dornen waren auf einmal lauter große, schöne Blumen. Der Königssohn drang bis zu dem schlafenden Dornröschen vor. Hingerissen von ihrer Schönheit gab er ihr einen Kuss. Da wachte sie auf und blickte ihn freundlich an. Und zusammen verließen die beiden den Turm. Jetzt erwachten auch der König und die Königin und alle anderen, sogar die schlafenden Tiere und das Feuer im Herd. Gleich wurde Hochzeit gefeiert – und sie lebten vergnügt bis an ihr Ende. (nach Gebrüder Grimm)

Um dieses Märchen zu verstehen, muss man wohl von der Zahl fünfzehn ausgehen. Denn das Märchen handelt ohne Zweifel von dem Neuen, das mit der Pubertät in das Leben eines Kindes kommt. Die erwachte Neugier birgt Gefahren. Verletzungen können geschehen, die auszuheilen ein ganzes Leben kaum ausreicht. Alles Leben ist wie erstorben, neue Beziehungen haben keine Chance, wenn nicht jemand kommt, der mit der Zauberkraft furchtloser Liebe den Bann bricht. „Furcht ist nicht in der Liebe. Die vollkommene Liebe treibt die Furcht aus", heißt es im 1. Johannesbrief (4,18). Nur solche Liebe kann helfen.
In der Tat ist das Märchen vom Dornröschen eine wunderbare Geschichte über die heilende Kraft der Liebe, Gottes kostbarstes Geschenk an uns Menschen. „Wer liebt, der ist von Gott geboren ... Gott selbst ist Liebe; und wer in der Liebe bleibt, der bleibt in Gott und Gott in ihm (1. Johannesbrief 4,4 und 16). Indem wir lieben, wirken durch uns die Kräfte Gottes, die es sogar mit dem Tod aufnehmen.
Einmal haben sie Jesus zu einem Dornröschen geführt, das gerade gestorben war (Markusevangelium 5,35-43). Jesus findet das Mädchen umgeben von klagenden, weinenden Menschen – wie unter einer Dornenhecke. Er muss erst dieses Dickicht durchdringen, bis er bei dem Mädchen ist. „Das Kind ist nicht tot – es schläft nur", sagt er, nimmt es an der Hand und spricht es an: „Talita kum! Mädchen, steh auf!" Und das Mädchen stand sofort auf und ging umher, heißt es. Es war zwölf Jahre alt.
Man muss diese Geschichte wohl zusammensehen mit einer Episode, die Markus kurz vorher schildert (5,24-34). Da drängt sich eine Frau an Jesus heran, die schon lange Jahre krank ist. Sie hat von Jesus gehört. So ist in ihr das Vertrauen gewachsen, dass in

ihm heilende Kräfte sind. Sie will nur seinen Mantel berühren. Und sie wird gesund. Jesus bestätigt es ausdrücklich: „Dein Vertrauen hat dir geholfen." Aber es ist nicht ein abergläubisches Zutrauen zu einem Zauberer. Es ist das Vertrauen in die Kraft der Liebe, die geschieht, indem Jesus sich einem Menschen zuwendet. Nach dieser Liebe sehnte sich die Frau. Sie wurde nicht enttäuscht.
Über Dornröschen lag ein Bann, ein Fluch. Man kann so etwas abtun als „dummes Zeug". Aber es gibt Menschen, die fühlen sich gerade so wie Dornröschen, erstarrt und leblos. Und es ist, als ob um sie herum etwas wie eine abweisende Dornenhecke droht. „Niemand findet zu mir", trauern sie. Und doch kann es geschehen, dass ein mutiger Königssohn kommt. Mag sein, dass er verkleidet ist als Therapeut oder Seelsorger; vielleicht eine Freundin, ein Freund. Das furchtlose Eintreten in das stumme Dornengeheimnis, das Weitergehen auf der gewundenen Treppe bis hinein in die Einsamkeit des Turmzimmers, das wie eine Gefängniszelle ist; und die Heilkraft liebevoller Zuwendung – das kann Dornröschen aus seiner Erstarrung wecken. Denn Furcht ist nicht in der Liebe. Und die Liebe ist von Gott. Und Gott ist die Kraft, die Tote lebendig macht (Römerbrief 4,17).

Von einem, der auszog, das Fürchten zu lernen

„Die Letzten werden die Ersten sein."

Ein Vater hatte zwei Söhne. Der ältere war klug und geschickt, ganz nach dem Sinn des Vaters. Wegen des jüngeren aber wurde der Vater von den Leuten bedauert: Der ist so dumm, dass er mit ihm noch seine Last haben werde. Der ältere war seinem Bruder auch darin überlegen, dass es ihn gruselte, wenn er bei Dunkelheit über den Friedhof gehen sollte. Der jüngere wusste nicht einmal, was gruseln ist. Wie nun der Vater ihn bedrängte, etwas zu lernen, womit er sein Brot verdienen könne, beschloss er, das Gruseln zu lernen.

Zuerst wurde der Jüngere nun zum Küster in die Leere gegeben. Da sollte er um Mitternacht in den Turm steigen, um die Glocke zu läuten. Der Küster aber hatte sich mit einem Betttuch verkleidet und oben an der Treppe aufgestellt, um den Lehrbuben zu erschrecken. Der rief das Gespenst an, scheuchte es fort und als es nicht hören wollte, stieß er es die Treppe hinunter, sodass es sich ein Bein brach.

Gleich fing der Vater wieder an: „Aus dir wird nie etwas. Ich will dich nicht mehr sehen. Hier hast du fünfzig Taler; nimm's und geh und sag niemand, wer dein Vater ist!" So machte sich der Sohn davon, um doch noch zu lernen, was er sich vorgenommen hat. Von einem Wanderer wurde er zu einem Galgen geschickt, wo sieben Männer hingen. Doch statt sich zu gruseln, holte er die Toten herunter und setzt sie an sein Feuer, damit sie sich wärmen.

Anschließend erzählte ihm ein Wirt von einem verwünschten Schloss, wo einer gewiss das Gruseln lernen könne, wenn er nur drei Nächte dort wachen wolle. Auch habe der König dem Mutigen seine schöne Tochter zur Frau versprochen, und viele Kostbarkeiten dazu. Der Junge ließ sich sofort darauf ein und wurde wunschgemäß ausgestattet – mit Feuer und Drehbank. Wozu er das brauchte, wird sich bald zeigen. In der ersten Nacht musste er sich einer Horde schwarzer Katzen und Hunde erwehren, die an glühenden Ketten auf ihn einstürzten; auch fuhr er in einem verwunschenen Bett durch das ganze Spukschloss. In der zweiten Nacht drangen allerlei Unholde durch den Schornstein zu ihm herein und forderten ihn zum Kegelspiel

mit Skelettbeinen und kugeligen Totenköpfen auf. In der dritten Nacht brachten sechs Hünengestalten einen Sarg, in dem ein toter Mann lag, kalt wie Eis. Er wärmte den Toten am Feuer, bis jener sich zu bewegen begann und ihn erwürgen wollte, woraufhin er ihn schleunigst wieder in seinen Sarg packte. Gleich kam da aber ein fürchterlicher Unhold mit einem langen weißen Bart und rief: „Jetzt sollst du sterben." Doch es ging umgekehrt: Der Junge klemmte dem Alten mit der Axt den Bart ein, sodass dieser ihm große Reichtümer versprach, wenn er ihn nur laufen lasse. Endlich um Mitternacht war auch dieser Spuk vorbei.
Am folgenden Morgen freute sich der König. Es wurde Hochzeit gefeiert. Nur jammerte der frisch vermählte Prinzgemahl seiner schönen Prinzessin immer noch vor, dass er nicht wisse, wie gruseln geht. Da holten die Zimmermädchen einen Eimer Fische und schütteten sie ihm ins königliche Bett. Das wirkte. „Was gruselt mir, liebe Frau!" schrie er und hatte endlich gelernt, was er lernen wollte. (nach Gebrüder Grimm)

Das ist mit Fabulierlust vergnüglich ausgedacht und Generationen haben sich gegruselt und gelacht. Aber wie kam der Junge denn dazu, einen so absonderlichen ‚Beruf' lernen zu wollen? Vermutlich ging es ihm nur darum, sich dem Vater zu beweisen. Dabei hat er die ständige Abwertung und Zurücksetzung längst verinnerlicht. Er hält sich selber für einen „Dummbart". Wie man's ihm tausend Mal vorgesagt hatte, so hat er's angenommen: „Zu nichts bist du zu gebrauchen. Du kannst nichts, taugst nichts und bist nichts. Nicht einmal Gefühle hast du." Für den Vater ist er gestorben. Weil der Vater sich in den tüchtigen Erstgeborenen so sehr verliebt hat, bleibt für den Jüngeren nichts, als zu verschwinden. Es wäre zum Weinen, wenn's nicht ein so glückliches Ende nähme. Der Vater wird Augen machen.
Ungleiche Brüderpaare begegnen uns in der Bibel öfter. Jesus hat einmal von zwei Söhnen erzählt, die der Vater bittet, dass sie ihm im Weinberg bei der Arbeit helfen. Der eine sagt sofort Ja, tut aber nichts. Der andere mault herum, dass er keine Lust habe, macht die

Arbeit aber doch. Und Jesus lobt den zweiten. Auf das Ergebnis kommt es offenbar an, nicht nur auf die gute Absicht (Matthäusevangelium 21,28-31).
Schwieriger ist der Konflikt der Zwillingsbrüder Esau und Jakob (im 1. Mosebuch). Da ist es Gott, der den einen bevorzugt und den anderen zurücksetzt. Die Geringschätzung trifft – anders als im Märchen – den Älteren, während der Jüngere mithilfe der Mutter und ihrer Tricks den alten Vater betrügt und dessen Segen ergaunert. Dass Gott sich selbst in diese Machenschaften verwickeln lässt, hat immer schon Rätsel aufgegeben und Proteste geweckt. Willkürlich handle Gott, heißt es. Das wird ihm auch vorgehalten, weil er den jüngeren Abel dem älteren Kain vorgezogen habe, was dieser nicht hinnehmen mochte und jener mit dem Leben bezahlen musste. Für den biblischen Gottesglauben will das alles doch wohl bedeuten, dass es dem Menschen verwehrt sein soll, Gott zu durchschauen, zu kontrollieren und zu kritisieren. Denn dadurch würde sich der Mensch selber zum Übergott machen, vor dem sich der Ewige zu rechtfertigen hätte. Stattdessen lädt die Bibel ein, das Geheimnis der Entschlüsse Gottes zu respektieren und ihm dennoch nicht zu misstrauen. Also lieber die Fragen und Zweifel sein zu lassen, als sich von Gott abzuwenden. Vertrauen haben bedeutet also nicht, Gott in die Karten zu schauen, wohl aber damit zu rechnen, dass er das Spiel niemals gegen uns zu Ende spielt.
Aber auch wenn Menschen darauf verzichten, Gott wie einen Teufel anzusehen, der uns narrt und quält, bleibt die bittere Erfahrung Einzelner, zu kurz zu kommen, nicht genug geliebt zu werden, nicht wirklich gewollt zu sein. Es sind ganz offensichtlich Selbstzweifel, wie sie Menschen immer schon gespürt haben und in die sie auch Gott hineinziehen – sie müssen dazu nicht die Nachgeborenen sein, wie es meist im Märchen ist. Die Frage, warum Menschen sich so infrage gestellt fühlen, beantworten die Märchen nicht. Es ist auch eher die Ausnahme, dass unser Märchen den Vater verantwortlich dafür zu machen scheint. Aber immer liegt den Märchen daran, dass ein Mensch dabei nicht stehen bleiben muss. Der Junge, der Verkannte, der Verachtete, der „Dummbart" kann aus seiner tatsächlich oder vermeintlich schlechteren Ausganglage durchaus

etwas machen. Und befriedigt schildern die Märchen dann, wie Letzte zu Ersten werden.
Genau davon hat auch Jesus gesprochen. Er hat sich den Letzten liebevoll zugewandt, weil er das Vertrauen hatte, dass sie nicht weniger von Gott geliebt sind als die anderen. Und er rechnete damit, dass diese Zuwendung einen Menschen motivieren und verwandeln kann, dass sie die tiefe Kränkung mangelnden Geliebtseins heilen kann. Manche Märchen schildern genau dieses Heilwerden. Und gerade deshalb wirken sie ermutigend und tröstlich.

Schneeweißchen und Rosenrot

*„Und ich sah die heilige Stadt von Gott
aus dem Himmel herabkommen, bereitet wie eine
geschmückte Braut ihrem Mann."*

Eine arme Witwe lebte in ihrem Hüttchen mit ihren lieben Kindern Schneeweißchen und Rosenrot. Gute Kinder, fromm, arbeitsam und unverdrossen, wie nur je zwei Kinder auf der Welt gewesen sind. Im Garten der Witwe standen zwei Rosenbäumchen, ein rotes und ein weißes, blühende Abbilder der beiden Kinder. „Wir wollen uns nicht verlassen", sagte Schneeweißchen. „Solange wir leben, nicht", antwortete Rosenrot. Manchmal gingen sie in den Wald. Da kamen die Tiere zutraulich herbei und nahmen das Futter aus ihren Händen. Es konnte sogar geschehen, dass sie nachts draußen schliefen, ohne dass die Mutter sich ängstigte. Einmal aber, als sie im Wald das erste Sonnenlicht weckte, sahen sie neben sich ein schönes Kind in einem weißen, glänzenden Kleidchen sitzen. Das Kind sah sie freundlich an und ging davon. Da bemerkten sie, dass sie ganz nahe bei einem Abgrund geschlafen hatten. „Das muss ein Engel gewesen sein", sagte die Mutter, „der die guten Kinder bewacht."

Eines Abends klopfte jemand an der Tür. Als die Mutter öffnen hieß, stand da ein großer, schwarzer Bär. Er tat aber ganz freundlich, sie sollten sich nicht fürchten. Er wolle sich nur aufwärmen. So wurde er eingelassen und hielt sich brav. Die Kinder freundeten sich mit ihm an und trieben übermütige Spiele mit ihm. Den ganzen Winter über kam der Bär am Abend aus dem Wald zu ihnen. Im Frühling aber verabschiedete er sich. Er müsse jetzt hinaus, um seine Schätze vor den diebischen, bösen Zwergen zu hüten. Die Kinder waren traurig. Als er ging, blieb er noch mit seinem Fell am Türhaken hängen; das riss die Haut ein wenig auf und Schneeweißchen war es, als hätte es etwas Goldenes hindurchschimmern sehen.

Nun wurde es Sommer. Die Mutter schickte die Kinder zum Beerensammeln in den Wald. Da kamen sie zu einem frisch gefällten Baum. Daneben sahen sie einen Zwerg wütend herumspringen. Er hatte sich den Bart eingeklemmt, zürnte fürchterlich und verlangte, dass die Kinder ihm helfen sollten. Das taten sie gern. Aber es ging nur mit einer kleinen Schere, mit der sie das Ende des Bartes abschnitten. Als der Zwerg frei war, maulte er

wegen der verlorenen Bartspitze, griff dann schnell nach einem Säckchen mit Gold, das unter dem Baum gestanden hatte, und machte sich schimpfend davon.
Tage später trafen sie ihn wieder an einem Bach. Jetzt hatte sich sein Bart in seiner Angel verfangen und ein großer Fisch drohte, den Zwerg daran ins Wasser zu zerren. Wieder schäumte das ungute Kerlchen vor Zorn. Und wieder konnten die Kinder ihm nur mit dem Scherchen helfen, indem sie ihm den Bart stutzten. Ein Säckchen mit Perlen war es, das er sich dieses Mal schnell überwarf, als er ärgerlich davoneilte. Und so ein drittes Mal. Da hatte ein Adler den Zwerg am Wickel. Die Mädchen konnten ihn befreien. Aber darüber wurde sein Röckchen ganz zerfetzt. „Unbeholfenes, täppisches Gesindel, das ihr seid", schalt sie der Zwerg und verschwand, dieses Mal mit einem Säckchen voller Edelsteine.
Die Kinder trafen ihn aber noch einmal. Da saß er auf einer Lichtung und hatte um sich die schönsten Edelsteine ausgebreitet. Als er merkte, dass er beobachtet wurde, fing er sofort wieder an, die Kinder zu schelten, und sein aschgraues Gesicht wurde vor Zorn zinnoberrot. Doch auf einmal hörte man aus dem Wald ein tiefes Brummen und schon stand da der schwarze Bär. Der verängstigte Zwerg begann gleich mit Verhandeln: „Herr Bär, verschont mich! Nehmt die Mädchen!" Aber der Bär gab ihm einen Schlag mit der Tatze. Da regte er sich nicht mehr. Die Mädchen waren fortgesprungen. Der Bär jedoch rief ihnen nach und als er bei ihnen war, fiel plötzlich seine Bärenhaut von ihm ab und vor ihnen stand ein schöner Mann ganz in Gold gekleidet. Er sei ein Königssohn, sagte er, der von dem bösen Zwerg verwünscht worden war. Schneeweißchen wurde seine Braut, Rosenrot bekam seinen Bruder. Und noch lange Jahre lebte die alte Mutter glücklich bei ihnen. Die Rosenbäumchen aber trugen Jahr für Jahr die schönsten Rosen, weiß und rot. (nach Gebrüder Grimm)

Ein wunderbares Paradies ist die Kindheit dieser Mädchen. In völliger Eintracht leben sie mit ihrer Mutter und der mütterlichen Natur,

eins auch mit sich selbst. Wiewohl sie verschieden sind wie rote und weiße Rosen, teilen sie doch den glücklichen Frieden miteinander, hilfsbereit als gute Kinder und Geschwister. Fern ist jegliche Angst. Es gibt da wohl auch den Abgrund, an dem sie einmal ahnungslos die Nacht zubrachten. Aber sie dürfen sich geborgen wissen.
Manche Menschen sehen rückblickend ihre Kindheit in solcher Verklärung als eine Zeit tiefen, unangefochtenen Friedens. Tut es nicht auch die Bibel? Auf den ersten Seiten lässt sie den Menschen in einem blühenden Garten paradiesischer Geborgenheit leben: eine Menschheitskindheit, noch ungetrübt von Mangel und Neid, Angst und Zerrissenheit. Ich denke, es lebt in diesem Kindheitsbild des Menschendaseins eine Hoffnung fort. Eine Hoffnung, die sich nährt aus geheimnisvoller Erinnerung. Ein Traum des Friedens für die gesamte Schöpfung, in der alles, was lebt, auch die Menschen, einander gut war: So könnte es sein, so sollte es sein, sagt der Traum. So wird es einmal wieder sein?
Vielleicht ist das Märchen am ehesten zu verstehen als Bild für das Erwachsenwerden von behüteten Kindern. Der große, schwarze Bär ist ein Symbol für den künftigen Geliebten. Welch ein Glück, wenn er so zutraulich und spielerisch ins Leben von Heranwachsenden tritt, als ein „goldiger Kerl"! Mag sein, dass der Bär irgendwie auch mit dem gefährlichen, unheimlichen Zwerg zu tun hat, der die verborgenen Schätze an sich bringen will. Aber die Liebe ist stärker. So endet das Märchen, wie es begann. Die gelingende Partnerschaft der erwachsen gewordenen Kinder fügt sich ein in den Frieden, der die Generationen ebenso verbindet, wie die Menschen wieder eins sind mit sich selbst.
So könnte es sein, träumt die Menschheit seit Urzeiten. Aber alle Menschen erleben sich in ihrer jeweiligen Gegenwart ganz anders. Sie wissen, dass sie nicht bleiben konnten in dem Garten des Friedens. Sie ahnen, dass sie selbst es sich zuzuschreiben haben, wenn Argwohn und Misstrauen sie ruhelos machen. Sie spüren, dass die Ängste, die den offenen Blick trüben, aus ihnen selbst kommen. Sie hören die Stimmen, die ihnen einflüstern, es könnte ihnen etwas vorenthalten werden und abgehen. Sie fühlen Neid. Dankbarkeit verkehrt sich in Unzufriedenheit. Und sobald sie ihre Begrenztheit er-

leben, nehmen sie Grenzen nicht als Schutz, sondern als Einengung wahr. Die Natur aber wird ihnen zur Feindin, weil in ihr nicht nur Rosen blühen und Beeren wachsen, sondern auch Dornen und Disteln.
Die Bibel bewahrt beides auf. Die Erinnerung an das Bild anfänglichen Kindheitsfriedens. Und die ungeschminkte Schilderung gegenwärtigen Daseins, das für die Menschen mühsam und leidvoll ist. Aber die Bibel verschweigt auch nicht die Hoffnung, es könnte der Friede zurückkommen und Leid und Geschrei könnten vorbei und alle Tränen einmal getrocknet sein (Offenbarung des Johannes 21-22). Es ist eine große Kraft in dieser Hoffnung, die die Menschen immer wieder ermutigt und aufstehen lässt. Die Hoffnung, dass ihnen noch einmal geschenkt werden könnte, was ja auch in ihrer Kindheit reines, vollkommenes Geschenk war.

König Drosselbart

„Ich habe euch aufgespielt, aber ihr wolltet nicht tanzen."

Ein König hatte eine Tochter, die besonders schön, aber auch besonders stolz war. Alle Freier wies sie ab und machte sich auch noch lustig über sie. Sie sind ihr zu dick, zu lang, zu kurz, zu blass, zu rot; an jedem hatte sie etwas auszusetzen. Auch an einem guten König, der um sie warb. Weil sein Kinn ein wenig krumm gewachsen war, verlachte sie ihn: „Der hat ein Kinn wie die Drossel einen Schnabel." Der Spott blieb sogar in ihm hängen; man nannte ihn nun König Drosselbart. Schließlich verlor der alte Vater die Geduld. Zornig schwor er, sie müsse jetzt eben den ersten besten Bettler, der vor die Tür käme, zum Manne nehmen. Gleich darauf erschien ein Spielmann, um unter dem Fenster zu singen. Der König ließ ihn rufen – und auf der Stelle verheiratete er seine Tochter mit diesem Bettler. Auch zögerte er keinen Augenblick, die beiden aus dem Schloss zu weisen.

Der Bettelmann führte seine Frau in einen Wald. „Wem gehört der schöne Wald?" fragte die Frau und bekam die Antwort: „Dem König Drosselbart. Hätt'st du ihn genommen, so wär' er dein." Und gleich jammerte die Frau: „Ich arme Jungfer zart! Ach, hätt' ich genommen den König Drosselbart!" So ging es auch bei einer schönen Wiese und einer großen Stadt. Da beklagte sich der Mann: „Es gefällt mir gar nicht, dass du dir immer einen anderen Mann wünschest; bin ich dir nicht gut genug?"

So kamen sie zu einem kleinen, ärmlichen Häuschen, der Wohnung des Spielmanns. Gleich befahl er seiner Frau, Essen zu kochen. Sie stellte sich jedoch arg ungeschickt dabei an. Dann sollte sie Körbe flechten, um etwas zu verdienen. Aber woher sollte sie wissen, wie man Körbe flicht? Auch mit Spinnen gelang ihr nichts. Im Gegenteil, der Faden schnitt ihr in die Hände, dass die Wolle blutrot wurde. Nun schickte sie ihr Mann auf den Markt, um Töpfe zu verkaufen. Sie fürchtete sich, sie könnte erkannt und verlacht werden. Da aber ritt ein betrunkener Husar geradewegs in ihren Stand hinein, sodass die Töpfe zerbrachen. Verschreckt berichtete sie davon ihrem Mann. Der hatte aber inzwischen schon eine neue Arbeit für sie. Er hatte sie als Küchenmagd auf des Königs Schloss verdingt. „Dafür bekommst du

freies Essen", sagte er. So band sie sich zwei Töpfchen an die Schürze, um von dem übrig gebliebenen Essen etwas zu sammeln für sich und ihren Mann.
Nun trug es sich zu, dass im Schloss die Hochzeit des ältesten Königssohnes gefeiert werden sollte. Die Küchenmagd stellte sich heimlich an die Saaltür und trauerte über ihren früheren Stolz. Da kam der Königssohn herein. Als er die schöne Frau an der Tür stehen sah, wollte er mit ihr tanzen. Sie aber erschrak fürchterlich; denn sie merkte, dass es der König Drosselbart war, den sie einst abgewiesen hatte. Heftig entwand sie sich ihm. Dabei gingen die Töpfchen zu Bruch und die Suppe floss auf den Boden. Unter allgemeinem Gelächter floh sie, wurde aber auf der Treppe von Drosselbart eingeholt und zurückgebracht. Jetzt redete er ihr freundlich zu und offenbarte ihr: Er selbst sei der Spielmann gewesen und auch der Husar. Er habe ihren Stolz beugen und ihren Hochmut strafen wollen. Da weinte sie und sagte: „Ich habe großes Unrecht getan und bin nicht wert, deine Frau zu sein." Kaum hatte sie das ausgesprochen, tröstete sie der Mann: „Die bösen Tage sind vorüber. Jetzt wollen wir unsere Hochzeit feiern." Und die rechte Freude fing an. (nach Gebrüder Grimm)

Für antikes Großfamiliendenken überraschend bemerkt Jesus einmal, eine Ehe könne erst dann gelingen, wenn ein Mensch Vater und Mutter zu verlassen bereit sei, um fortan mit seinem Partner zusammen zu leben. „Die zwei sind dann eins", sagt Jesus (Matthäusevangelium 19,5). Vor dieser Trennung von dem Vater fürchtet sich die schöne Königstochter, sodass sie alle Bewerber hochmütig abblitzen lässt. Eine harte, schmerzliche Lehrzeit muss sie durchmachen, bis sie eine Ehefrau werden kann. Und dass sie darüber krank wird, dass allerlei zerbricht, dass sie unter spöttischem Unverständnis zu leiden hat, das alles deutet an, wie ernst ihr Problem und wie mühevoll die Genesung, also das mutige Sich-Lösen von den Eltern ist. Aber das Märchen bleibt zuversichtlich: Heilung ist möglich; eines Tages werden die bösen Tage vorüber sein und die rechte Freude kann beginnen.

Mir kommt bei dieser Drosselbart-Geschichte auch eine Gleichniserzählung von Jesus in den Sinn, in der er drastisch schildert, wie Menschen die Chance ihres Lebens verspielen (Lukasevangelium 14,16-24). Da lädt ein wohlhabender Mann zu einem festlichen Essen ein, aber die bevorzugten Gäste haben Wichtigeres zu tun. Der gekränkte Gastgeber beschließt daraufhin, Arme, Krüppel, Blinde und Lahme, ja sogar zweifelhafte Subjekte von den Landstraßen hereinzurufen. Das Fest soll keinesfalls ausfallen. Diese Geschichte spiegelt die Enttäuschung, dass vor allem die vornehmen Kreise in der Umgebung von Jesus sich auf seine Botschaft nicht eingelassen haben. Sie verhielten sich wie die schöne Königstochter im Märchen, die so gefangen ist in ihrer Herkunftswelt, dass sie auf die Freier überhaupt nicht eingeht, sondern sie nur unfein abfertigt.
Das Werben von Jesus um Offenheit für seine Gottesbotschaft wurde vielleicht schon von ihm selbst mit dem Werben eines Bräutigams um seine Geliebte verglichen. Auch als einen Spielmann bezeichnet er sich, der zum Tanz lädt (Matthäusevangelium 11,17). Er musste aber erleben, dass er abgewiesen wurde, jedenfalls von den herrschenden Kreisen seines Volkes. Diese bittere Erfahrung hat nicht nur Jesus selbst tief getroffen. Sie hat auch seine frühe Anhängerschar erschüttert und beunruhigt. Paulus, der bedeutendste Pionier des jungen Christenglaubens, der selbst aus den Kreisen stammte, die Jesus abgelehnt hatten, quält sich mit der Frage, was diese schnöde Abweisung des Bräutigams durch sein jüdisches Volk, die umworbene Braut, zu bedeuten habe. Er kommt zu dem überraschenden Schluss, dass die Weigerung der Braut sich am Ende weder als sinnlos noch als endgültig erweisen werde. Vielmehr sieht er darin einen Plan Gottes, der an die strenge Pädagogik des Bettelmanns im Märchen erinnert: den Stolz zu beugen und den Hochmut zu strafen. Schließlich aber werde Gott die Braut seines Gesalbten, des Messias Jesus, doch heim holen. Diese Hoffnung lässt Paulus sich nicht nehmen. Dann werden die bösen Tage vorüber sein. Dann wird die rechte Freude anfangen (Römerbrief 11, 11-12).

Schneewittchen

„Wo euer Schatz ist, da ist auch euer Herz."

Immer wieder stand die Königin vor dem Spiegel, um immer wieder zu hören, was sie nicht genug hören kann: „Frau Königin, Ihr seid die Schönste im Land.“ Bis auf einmal der Spiegel von ihrer Stieftochter Schneewittchen verkündete, sie sei noch tausendmal schöner: „Weiß wie Schnee, rot wie Blut und mit dunklem Haar, schwarz wie Ebenholz.“ Da wurde die Königin gelb und grün vor Neid und von Stund an hasste sie das Mädchen. Der Jäger sollte es töten, was er gottlob nicht übers Herz brachte. Dann machte sie sich selber auf, um die vermeintliche Rivalin hinter den Bergen bei den sieben Zwergen zu suchen. Mit einer Korsettschnur wollte sie das Kind ersticken. Mit einem giftigen Kamm versuchte sie den Mord. Ein raffiniert präparierter Apfel führte endlich zum Ziel. Da lachte die Mörderin überlaut und starrte die Tote mit grausigen Blicken an. Und jetzt endlich gab der Spiegel wieder die gewünschte Auskunft: „Frau Königin, Ihr seid die Schönste.“ Die lieben sieben Zwerge waren untröstlich. Sie legten das Mädchen in einen gläsernen Sarg, stellten ihn hinaus auf den Berg und hielten Totenwache. Sogar die Tiere trauerten. Bis sich ein Königssohn zu den Zwergen verirrte. Er war so hingerissen von der schönen Gestalt der Toten, dass er die Zwerge überredete, ihm den Leichnam zu überlassen. Die Träger hoben den Sarg auf ihre Schultern. Da stolperte einer und schon erwachte Schneewittchen aus ihrem Todesschlaf. „Ach, Gott, wo bin ich?“ stammelte sie. „Du bist bei mir“, antwortete der Königssohn voll Freude. Dann wurde Hochzeit gemacht. Die eifersüchtige Königinmutter aber überlebte es nicht, das Glück der bildhübschen Braut mit anzusehen. (nach Gebrüder Grimm)

Dass es eine Stiefmutter ist, die nicht erträgt, dass jemand noch schöner ist als sie selber, tut eigentlich gar nichts zur Sache. Ein Mensch ist sie, eine Frau, die um alles in der Welt die Nummer eins sein will. Das Märchen erzählt die Geschichte einer Eifersucht, die sich aus Überheblichkeit nährt. Aber ist es wirklich menschlich, über Leichen zu gehen, sich aller Hexenkünste zu bedienen, sich selber durch bösen Hass zu entstellen, nur um zu verhindern, dass uns jemand über oder voraus ist? Aufmerksam schildert das Märchen, wie die eifersüchtige Frau in ihrer Bosheit von Mal zu Mal immer hässlicher wird. Hass macht hässlich. Das ist in der Tat menschlich; Tiere können nicht hassen.

Augustinus, ein kluger Menschenkenner, der vor allem sich selber genau kannte, hat schon vor 1600 Jahren den Neid „die teuflische Sünde schlechthin" genannt: „Aus dem Neid entstehen Hass, üble Nachrede, Freude am Unglück des Nächsten und Missfallen an seinem Wohlergehen." Der Neid habe den Tod in die Welt gebracht, heißt es im biblischen Buch der Weisheit (2,24). Neid ist tödlich.

Ich erinnere mich in diesem Zusammenhang an ein Wort, das von Jesus überliefert ist: „Wo euer Schatz ist, da ist auch euer Herz" (Matthäusevangelium 6,21). Was uns wichtig ist, darum kreisen unsere Gedanken, das mobilisiert unsere Gefühle, das beflügelt unsere Fantasie und spornt unseren Tatendrang an. So sind wir – und keineswegs nur zu unserem Schaden. Aber allzu oft schaden wir uns dadurch eben doch. Die Königin kennt nur einen Schatz, der ist sie selber. Das wird ihr schließlich zum Verhängnis.

Das letzte der Zehn Gebote warnt davor, zu begehren, was einem anderen gehört. „Lass mich mit Freuden ohn' alles Neiden sehen den Segen, den du wirst legen in meines Bruders und Nähesten Haus", dichtete Paul Gerhardt dazu. Er wusste genau: Es ist viel schöner und bekömmlicher anzuerkennen, wo jemand stark und uns möglicherweise überlegen ist. Auch wenn es die spiegelblendende Schönheit sein mag, mit der ein anderer oder eine andere gesegnet ist.

Das tapfere Schneiderlein

„Du bist mein Sohn, ich habe dich dazu gemacht."

Der materielle Aufwand, den das Schneiderlein treiben musste, um ein König zu werden, war gering: Ein knappes Viertelpfund Pflaumenmus, ein kleines Stück Käse und ein Vögelchen, das ihm zugeflogen war. Zu seinem publikumswirksamen Werbeslogan verhalfen ihm die Stubenfliegen, die es auf sein Musbrot abgesehen hatten. Er erlegte „Siebene auf einen Streich“ und schon hatte er den Reklamespruch, den er mit Großbuchstaben auf seinen Gürtel stickte. „Die ganze Welt soll's erfahren!“ sagte er.
Erste Gelegenheit dazu: Der Riese, der aus Steinen Wasser pressen konnte. Der Schneider könnte das auch, so trumpfte er auf. Er verwendete allerdings statt eines Steines lieber seinen Taschenkäse. Nicht anders, als der Riese einen Stein in schwindelnde Höhen schleuderte. Jetzt musste der Vogel helfen, der froh war, seine Freiheit wiederzubekommen. Anschließend der gemeinschaftliche Eichbaumtransport: Der Riese schleppte, der Schneider ließ sich schleppen und pfiff ein Lied dazu. Und so weiter. Aber inzwischen hatte der Riese Respekt vor dem wackeren „Erpelmännchen“. So lud er ihn zu seinesgleichen in die Höhle ein, freilich nur, um ihn heimtückisch im Schlaf zu erschlagen. Doch als die Riesenbande bald darauf im Wald spazieren ging, kam ihnen zu ihrem Schrecken der „Grashüpfer“ unversehrt und fröhlich entgegen. Da nahmen die Riesen Reißaus.
Der zweite Arbeitsplatz des Schneiders war dann der königliche Hof. Ohne zu zögern, verpflichtete sich der Tapfere als „Kriegsmann“, natürlich gegen Bezahlung. Der Lohn sollte die Königstochter sein und das halbe Königreich dazu. Nur ein paar Proben seiner vielgerühmten Fähigkeiten musste der Schneider zuvor noch abliefern. Das tat er gern. Zuerst warf er heimlich runde Kiesel auf ein schlafendes Riesenpaar; verärgert machten sich die Kerle gegenseitig für die Belästigung verantwortlich und droschen mit Bäumen aufeinander ein, bis alle beide zugleich tot umfielen. Anschließend musste der Schneider im Wald ein Einhorn fangen, damit es keinen Schaden mehr anrichten konnte. Kein Problem! Er brachte das Einhorn dazu, sich selber zu fangen, indem es sein Horn in einen Baumstamm spießte.

Danach machte der König den Helden auf ein gefährliches Wildschwein aufmerksam. Auch dieses Mal lehnte der Schneider, wie früher schon, alle professionellen Helfer ab. Den Keiler in eine Waldkapelle zu sperren, das schaffte er allein. Ein Kinderspiel für ihn!
Da endlich war der König befriedigt und willigte in die Hochzeit samt Reichsteilung ein. Nicht so recht zufrieden war freilich die junge Königin. Sie hatte den Schneider durchschaut. Aber jetzt wusste der König Rat. Er wollte den Schwiegersohn wie ein Paket verschnüren und als Schiffsfracht exportieren lassen. Der bekam gerade noch rechtzeitig Wind davon. Er konnte die Häscher bloß stellen – und seiner Lebtag ein König bleiben. (nach Gebrüder Grimm)

Eine übermütige Geschichte voll fröhlicher Zuversicht, wie da ein Kleiner ganz groß raus kommt. Was die Bibel betrifft, so erinnert mich das Schneiderlein an den Aufstieg einer der leuchtendsten Gestalten der ganzen hebräischen Bibel, an Davids erstaunliche Karriere vom Hirtenbuben in Bethlehem zum König in Jerusalem. Dreitausend Jahre alt ist die Erzählung, ein Roman aus ziemlich der gleichen Zeit, in der auch die Geschichte von Joseph und seinen Brüdern aufgeschrieben wurde. Wie das Märchen mit echter Fabulierlust den Lesern immer neue Schneiderstreiche serviert, so merkt man auch den Davidgeschichten an, dass es schon die Verfasser vergnüglich fanden zu schildern, was einer aus sich machen kann. Ein wichtiger Unterschied darf allerdings nicht übersehen werden. So sehr David als Held und Tausendsassa gezeichnet wird, so deutlich ist seine Geschichte gleichsam gerahmt und die Rahmung heißt: Hier baut Gott selbst einen Menschen auf, weil er mit ihm seinem Volk Israel Gutes zugedacht hat. Die Geschichte ausführlich nachzuerzählen, würde hier zu weit führen. Dazu seien die Leser an das 1. Samuelbuch im Alten Testament verwiesen. Ein paar Striche von Davids Streichen sollen genügen.
Zunächst kommt David als Waffenträger an den Hof des Königs Saul. Man hat ihn sich von seinem Vater Isai in Bethlehem ausbedungen, weil sich herumgesprochen hatte, dass der Hirtenjunge

so schön Zither spielen kann. Mit seiner Musik soll er den schwermütigen König aufheitern.
Dann folgt der Zweikampf mit dem riesenhaften Goliat, einem Einzelkämpfer aus der Elitetruppe der Philister. Sie haben damals die Israeliten mit immer neuen Attacken überzogen, nicht zuletzt um sich von ihren Ernteerträgen zu bedienen. Saul hatte sie früher erfolgreich abgewehrt. Jetzt aber traut er sich nichts mehr zu. Die Bibel sagt: „Gottes Geist war von ihm gewichen." Sein Charisma ist verbraucht. Da tritt der junge David auf und meldet, er wolle gegen den großmäuligen Goliat antreten. Sauls Bedenken, dass er doch viel zu jung und unerfahren sei, widerlegt er, indem er erzählt, wie er als Hirtenjunge mit Löwen und Bären fertig geworden sei. So steckt man ihn in die königliche Rüstung. Aber David kann sich darin nicht bewegen. Ihm genügen sein Hirtenstecken, seine Steinschleuder und fünf glatte Kiesel aus dem Bach. Damit zieht er los. Als ihn der Philister dann lauthals verhöhnt, klärt er ihn über den Gott Israels auf; der nämlich ist auch in dem scheinbar Schwachen stark. Von einem Stein aus Davids Schleuder getroffen, bricht Goliat zusammen. Die Philister sind schockiert und ergreifen sofort die Flucht. David aber besteht darauf, dass Gott selber Israel zum Erfolg verholfen habe.
Nach dem Philistersieg wuchs die Popularität des jungen Stars sprunghaft. Vor allem die Frauen schwärmten für ihn, vielleicht sogar Michal, die Tochter des Königs. Eine herzliche Freundschaft verband ihn mit Sauls Sohn Jonathan. Gleichzeitig aber wuchs bei Saul das Misstrauen gegen ihn. In einem Anfall von Jähzorn versucht der eifersüchtige König, ihn mit seiner Lanze an die Wand zu nageln, was allerdings misslingt. Um den Rivalen los zu werden, befördert ihn der König anschließend zum Offizier und verbannt ihn in eine auswärtige Garnison.
Da beschließt David, sich abzusetzen. Er zieht in den Negev, sammelt einen Haufen unzufriedener, verwahrloster Typen um sich und vollführt mit ihnen allerlei Räubereien. Unentwegt ist ihm gleichzeitig König Saul mit Streifscharen auf den Fersen, kann seiner aber nicht habhaft werden. David behält planmäßig seine eigene Karriere im Auge, aber am noch amtierenden König vergreift er sich nicht. Ge-

legenheit dazu hätte er gehabt, zum Beispiel als Saul in einer Höhle oberhalb des Toten Meeres Toilette macht, während David sich in der Tiefe der gleichen Höhle versteckt hält. Dort gelingt es David, einen Zipfel von Sauls Mantel abzuschneiden. Bald darauf winkt er dem König aus sicherer Entfernung mit dem Beutestück, sodass jener in Tränen ausbricht und stammelt: „Du bist doch edler als ich!"

Aber diese Einsicht währt nur kurze Zeit. Deshalb wagt David einen besonders riskanten Schritt. Er tritt mit seiner gesamten Truppe als Söldnerführer in den Dienst des Philisterfürsten Achisch von Gat, der ihm dafür das Dorf Ziklag zum Wohnsitz und Erblehen überlässt. Von da aus überfällt er mit seinen Leuten Nomadenvölker im Negev, plündert sie aus und tötet, wen er zu fassen bekommt. Den Philistern aber gaukelt er vor, er sei gegen ihre Feinde, die Israeliten nämlich, tätig gewesen. Besonders heikel wird Davids Doppelspiel, als er sich mit seiner Truppe ins Philisterheer zum nächsten Feldzug gegen Israel einreihen muss. Das Äußerste bleibt ihm dann aber doch erspart. Die Philisterfürsten haben noch das Geheul nach Goliats Niederlage im Ohr; sie trauen David nicht und verlangen von Achisch kategorisch, dass er „seinen Hebräer" auf der Stelle heim schickt.

Die Überlegenheit der Philister war auch ohne David übermächtig, als sie den Israeliten in der Jesreel-Ebene gegenüber stehen. In der anschließenden Schlacht wird das Heer Sauls nicht nur vernichtend geschlagen, sondern der König und zwei seiner Söhne finden dabei den Tod. Überliefert ist ein ergreifendes Klagelied, das David über den Tod Sauls und seines Freundes Jonathan anstimmt. Jegliches Triumphgehabe weist er weit von sich.

Allerdings scheint er die Niederlage Sauls vorausgesehen zu haben. Denn sofort zieht er mit seinen Leuten von Ziklag nach Hebronn um, also in den Hauptort des Stammes Juda, und lässt sich von den Südstämmen mit klaren vertraglichen Vereinbarungen zum König wählen. Bei den nördlichen Stämmen Israels hat sich zunächst Abner, ein überlebender General Sauls, der den einzigen noch lebenden Sohn seines toten Königs in der Hand hat, zum starken Mann aufgebaut. Nach allerlei Scharmützeln zwischen den nördlichen

Stämmen Israels und Davids Leuten im Süden nimmt jener General Abner heimlich Verbindung zu David auf und bietet ihm auch das Königtum über die Nordstämme an. David taktiert wiederum äußerst vorsichtig und verlangt als Unterpfand die Saultochter Michal zur Frau, um sich als legitimer Thronfolger präsentieren zu können. Abner selbst wird nach seinen Geheimverhandlungen auf dem Heimweg in Hebron von Davids Feldhauptmann Joab ermordet; offenbar fürchtete ihn jener als möglichen Konkurrenten. David aber distanziert sich sofort entschieden von dieser Gewalttat. Auch als der Saulsohn Ischbaal ermordet wird, lässt David die Mörder auf der Stelle hinrichten. Doch jetzt tragen ihm die Nordstämme von sich aus die Königswürde an. Aber wieder dringt David auf eindeutige, rechtsverbindliche Abmachungen. Dreißig Jahre war er alt, als nun sein Doppelkönigtum begann.
In dieser Geschichte wird David als umsichtiger Taktiker und Diplomat, aber auch als verschlagener Machtmensch vorgestellt. Sein kühnes Selbstbewusstsein steht dem des Schneiders im Märchen keineswegs nach. Dennoch hätte auch David wie Paulus von sich sagen können: „Durch Gottes Gnade bin ich, was ich bin" (1. Korintherbrief 15,10). Die Überlieferung will ganz deutlich herausstellen: Gott selber verfolgt hier einen Plan – durch David und mit David und für sein Volk. Was immer David tut, letztlich ist Gott es, der ihn zum König bestimmt und nach ägyptischem Vorbild gleichsam adoptiert. „Du bist mein Sohn; ich habe dich dazu gemacht", heißt es im Psalter (Psalm 2,7) über den König und das wurde gewiss ganz besonders von und über David gesungen und geglaubt.

Aschenputtel

„Selig sind, die Leid tragen, denn sie werden getröstet werden."

Aschenputtels Mutter war gestorben. Als der Vater wieder heiratete, kamen mit der Stiefmutter zwei Stiefschwestern in Haus, die sofort das große Wort führten und die schöne Tochter zur Küchenmagd erniedrigten, sie schikanierten und verspotteten. Sie musste Holzschuhe und einen alten, grauen Kittel tragen. Und neben dem Herd musste sie in der Asche schlafen. Daher hatte sie ihren Namen. Trösten konnte sie sich nur am Grab ihrer Mutter. Dort grünte ein prächtiger Haselbaum. Als der Vater einmal in die Stadt gefahren war, hatten sich die Schwestern schöne Kleider mitbringen lassen; sie aber hatte sich nur einen Haselzweig gewünscht. Daraus war der Baum gewachsen, zu dem sie jeden Tag dreimal ging, um zu weinen und zu beten. Auch zwei weiße Täubchen traf sie dort immer.

Nun geschah es, dass der König alle schönen Mädchen zu einem Fest einlud. Drei Tage sollte es dauern, damit sich sein Sohn eine Braut aussuchen könnte. Die zwei Stiefschwestern waren natürlich gleich dabei. Aschenputtel wäre auch gerne mitgegangen, aber die Stiefmutter erlaubte es nicht. Doch Aschenputtel ließ nicht locker. Schließlich stellte ihr die Stiefmutter einen Kübel mit Asche hin, in den sie eine Schüssel Linsen geschüttet hatte. Die sollte sie in zwei Stunden herauslesen, dann dürfe sie mitkommen. Das Mädchen aber rief die beiden Täubchen und alle Vögel, damit sie ihr die Linsen lesen halfen, „die guten ins Töpfchen, die schlechten ins Kröpfchen“. Schon nach einer Stunde war die Arbeit getan. Die Stiefmutter aber suchte weiter Ausflüchte und brachte zwei Aschenkübel mit Linsen zum Verlesen. Doch die Täubchen halfen wieder. Da redete sich die Stiefmutter heraus, Aschenputtel habe ja keine Kleider und könne auch nicht tanzen. Und schon eilte sie mit ihren stolzen Töchtern davon.

Aschenputtel aber ging zum Grab ihrer Mutter, stellte sich unter den Haselbaum und rief: „Bäumchen, rüttel dich, Bäumchen, schüttel dich, wirf Gold und Silber über mich.“ Da warf ein Vogel ein Seidenkleid herunter und silberne Pantoffeln dazu. Damit lief sie zum Fest. Niemand erkannte sie, aber der Königssohn wollte immer nur mit ihr tanzen. So auch am zweiten und dritten Tag. Nur die Kleider und Schuhe waren jedes Mal noch kostbarer, sodass alle staunten, wer das fremde Mädchen sei. Aber nach dem Tanz, als der Königssohn seine Tänzerin heim begleiten wollte, entwischte sie ihm geschwind, brachte ihre Sachen zum Grab zurück und legte sich in die Asche neben den Herd. Am dritten Abend jedoch gebrauchte der Königssohn eine List. Er ließ die Treppe mit Pech bestreichen. Da blieb einer der goldenen Schuhe seiner Tänzerin kleben. Den brachte der Königssohn in das Haus Aschenputtels und erklärte: „Die, der dieser Schuh passt, soll meine Frau werden." Zuerst probierte die Ältere der Stiefschwestern den Schuh. Weil aber die große Zehe darin nicht Platz hatte, befahl die Stiefmutter, sie einfach abzuschneiden. Darauf hob der Königssohn das Mädchen aufs Pferd und ritt mit ihm davon. Die Täubchen aber riefen aufgeregt: „Rucke di guh, rucke di guh, Blut ist im Schuh. Der Schuh ist zu klein, die rechte Braut sitzt noch daheim." Der Königssohn merkte, dass er betrogen worden war, und kehrte auf der Stelle um. Jetzt kam die Jüngere der Stiefschwestern an die Reihe. Ihr musste die Ferse abgeschnitten werden, aber es ging wie bei der ersten. Die Täubchen riefen, der Königssohn kehrte um und fragte, ob nicht noch eine andere Tochter da sei. „Nein", sagte der Vater, „nur von meiner verstorbenen Frau ist noch ein kleines ‚verbuttetes' Aschenputtel da, das kann unmöglich die Braut sein." Sie war es aber eben doch. Auch die Täubchen bestätigten es: „Die rechte Braut, die führt er heim." Die bösen Stiefschwestern aber wurden für ihre Bosheit bestraft: Die Täubchen pickten ihnen die Augen aus. (nach Gebrüder Grimm)

Das Motiv des Aschenputtel-Märchens begegnet auch in anderen Märchen immer wieder. Die Kleine, der Jüngste, sie werden zurückgesetzt, verkannt, vergessen, geschmäht, ausgenutzt, für dumm gehalten oder dazu gemacht; und doch sind sie es, die am Ende gut dastehen. Ein geheimnisvolles Gesetz des Ausgleichs hilft ihnen zu ihrem Glück. Diese Hoffnung auf Ausgleich entspricht einem tiefen

Bedürfnis aller Menschen. Ob sich die Hoffnungen der Aschenputtel-Mädchen im wirklichen Leben je erfüllen, mag man bezweifeln. Sie leben aber als Hoffnungen weiter. Auch Hoffnung kann trösten. Und ohne Hoffnung kann der Mensch nicht leben.

Stiefmütter und Stiefgeschwister spielen im Märchen häufig eine unrühmliche Rolle. Das mag durchaus damit zu tun haben, dass durch eine neue Ehe des Vaters Spannung in eine Familie kommen konnte. So etwas gab es oft. Auch dass das Grab der verstorbenen Mutter ein Ort der Zuflucht und des Trostes ist, wird nicht lebensferne Erfindung sein. Aber darauf kommt es letztlich nicht an. Entscheidend ist, dass unendlich viele Menschen damals wie heute das Gefühl haben, ungeliebt zu sein.

Das Motiv des Kleinen, der für die Großen ein Niemand ist, begegnet uns in der Bibel besonders eindrucksvoll in der Geschichte Davids. Als der Richter Samuel sich bei dem Schafzüchter Isai in Bethlehem die stattliche Reihe der Söhne vorstellen lässt, da treten die sieben Großen an. Doch jedes Mal meint Samuel zu hören, dass Gott ihm zuflüstert: „Lass dich nicht davon beeindrucken, dass er groß und stattlich ist. Er ist nicht der Erwählte. Ich urteile anders als die Menschen. Ein Mensch sieht, was in die Augen fällt; ich aber sehe ins Herz." Erst als Samuel weiter forscht, erinnert man sich an den kleinen David, den Jüngsten, der draußen auf die Schafherde aufpassen muss. Samuel lässt ihn holen. Dann steht der Kleine vor ihm: „schön und kräftig, und seine Augen leuchteten." Später wird er Israels überragender König (1. Samuelbuch 16,1-13).

Mit Aschenputtel hat David übrigens gemeinsam, dass ihm eine gute, fromme Gesinnung bescheinigt wird – die sich auch in seiner schönen Körpergestalt ausdrückt. Schön und gut, gut und schön, das gehörte für die Alten zusammen. Die Griechen dachten da nicht anders.

Verfolgen wir die Symbolik des Aschenputtels in der Bibel weiter, dann finden wir sie eindrücklich in der Verkündigung der Propheten wieder. Wenn sie das Volk Israel auf seine Erwählung durch Gott ansprachen, dann betonten sie stets mit Nachdruck: „Gott hat euch unter allen Völkern der Welt ausgewählt und zu seinem Eigentum gemacht. Und das tat er nicht etwa, weil ihr größer seid als die

anderen Völker – ihr seid vielmehr das kleinste unter ihnen! Nein, er tat es einzig deshalb, weil er euch liebte" (5. Mosebuch 7,7). Nicht Israels Vorzüge sind es, die Gott bewogen haben, es anderen Völkern vorzuziehen. Dass Gott dieses „widerspenstige und treulose" Volk liebt, nur das ist Israels Vorzug.
Das erste Beispiel für dieses Motiv im Neuen Testament ist die Erwählung des Mädchens Maria zur Mutter Jesu. Lukas (1,46-55) hat ihr ein eindrucksvolles Lied in den Mund gelegt, das wunderbar zum Ausdruck bringt, dass auch von ihr gilt, was von ihrem Volk gesagt wurde: „Ich bin nur eine einfache Frau, ein unbedeutendes Geschöpf vor Gott, und doch hat er sich mir zugewandt. Großes hat er an mir getan, er, der mächtig und heilig ist. Und glücklich wird man mich dafür preisen in allen kommenden Generationen."
Dass Menschen, die ganz hinten anstehen mussten, in die erste Reihe geholt werden, das haben dann viele in der Begegnung mit Jesus erlebt. Er hat die Disqualifizierten und Exkommunizierten um sich geschart (Matthäusevangelium 11,28) und ihnen zu neuer Selbstachtung verholfen. Wenn er dafür kritisiert wurde, hat er sich verteidigt: Mein Vorbild ist Gott; ich tue nur, was er von jeher getan hat. Am Beginn der Bergpredigt bei Matthäus (5,3-11) gratuliert Jesus genau diesen Aschenputtel-Typen: „Selig, die arm sind, die über Leiden klagen, die Macht- und Einflusslosen ..., denn sie nennt Gott seine Töchter und Söhne." Lukas hat das genau verstanden, wenn er in der Weihnachtsgeschichte erzählt, dass die Ersten, die von der Geburt des Heilbringers erfahren, Hirten sind. Denn das sind Menschen, die die geordnete Welt der stolzen Stiefschwestern hatten verlassen müssen, die niedere Arbeit machen, die schäbige, graue Jacken tragen und in der Asche neben ihrem Feuer schlafen. Eine Generation später hat Paulus dies in theologische Begriffe übersetzt, wenn er nach Korinth schreibt: „Gottes ‚Unsinn' ist weiser als die Menschen und Gottes ‚Schwäche' stärker als die Menschen" (1. Korintherbrief 1,25). Und er fordert die Gemeindemitglieder auf, sich in ihrer gottesdienstlichen Versammlung umzusehen: „Da gibt es nicht viele, die nach menschlichen Maßstäben weise, mächtig, hochwohlgeboren sind. Vielmehr, was in der Welt als töricht gilt, hat sich Gott erwählt, um die Weisen zu beschämen"

(1,27). Sogar sich selber stellt der Apostel als Beispiel hin. Nicht durch kunstvolle Reden oder faszinierende religiöse Erkenntnis habe er seine Zuhörer beeindruckt, sondern dadurch, dass sie an ihm erleben konnten, dass „Gottes Kraft in der Schwachheit mächtig ist" (2. Korintherbrief 12,9).

Der gestiefelte Kater

„Kaufet die Zeit aus; denn es ist böse Zeit!"

Bei seinem Tod hinterließ ein Müller seinem ältesten Sohn seine Mühle, dem zweiten Sohn seinen Esel und dem jüngsten einen Kater. Der Jüngste war darüber sehr unglücklich. „Ein Paar Pelzhandschuhe kann ich mir aus dem Fell des Katers machen lassen. Das war's dann wohl", brummte er. Aber der Kater hatte ihn so mit sich reden hören. Er schlug ihm vor: „Lass mir ein Paar Stiefel machen, dass ich mich sehen lassen kann, dann soll dir bald geholfen sein." Der Müllerssohn wunderte sich, aber er ging auf den Vorschlag ein. Als die Stiefel fertig waren, zog sie der Kater an, nahm einen Sack mit einer Schnur dran zum Zuziehen, füllte ein wenig Körner ein und marschierte los.

Damals regierte in dem Land ein König, der aß Rebhühner so gern. Nur waren die nicht leicht zu bekommen. Der Kater aber wusste sich Rat. Er legte den Sack an den Feldrand, sodass die Körner zu sehen waren, hielt die Schnur fest in der Pfote und versteckte sich. Bald kamen Rebhühner, fanden die Körner und hüpften in den Sack. Der Kater brauchte nur noch zuzuziehen und den Sack zu schultern. Sofort ging er zum Schloss, passierte die Wache, wurde beim König vorgelassen, machte seine Reverenz und sprach: „Mein Herr, der Graf", dabei nannte er einen langen und vornehmen Namen, „lässt sich dem Herrn König empfehlen und schickt ihm diese Rebhühner, die er eben in Schlingen gefangen hat." Der König war erstaunt und sehr erfreut; und um sich zu bedanken, ließ er den Sack mit Gold füllen.

Der Müller saß gerade am Fenster und grübelte, als der Kater eintrat und das Gold brachte. Er versäumte auch nicht, vom König zu grüßen. „Morgen sollst du noch reicher werden", versprach er, „und dem König hab' ich gesagt, dass du ein Graf bist." Am nächsten Tag wiederholte der Kater die Rebhuhnjagd und so ging es viele Tage. Dadurch machte sich der Kater bei Hofe sehr beliebt, sodass er im ganzen Schloss herumspazieren durfte.

Einmal stand er in der Küche der Königs, als der Kutscher hereinkam und schimpfte, weil er, statt im Wirtshaus sitzen zu können, jetzt den König und seine Tochter spazieren fahren müsse. Der Kater hörte das, eilte nach Hause und forderte den Müller auf: „Wenn du ein Graf sein und reich werden willst, dann komm mit mir zum See und bade dich darin." Der Müller verstand nicht recht, aber er folgte. Wie er dann splitternackend im Wasser stand, versteckte der Kater des Müllers Kleider. Da kam auch schon die königliche Kutsche. Der Kater stellte sich in den Weg und fing sofort an zu jammern, seinem Herrn Grafen seien beim Baden die Kleider gestohlen worden, weswegen er nicht aus dem Wasser könne. Gleich schickte der König ins Schloss und ließ von seinen Kleidern holen. Die zog der Müller an. Und weil der König sich auch an die Rebhühner erinnerte, lud er den Müller ein, im Wagen mitzufahren. Das gefiel natürlich besonders der Prinzessin.

Unterdessen war der Kater vorausgelaufen und an eine große Wiese gekommen, wo hundert Leute beim Heumachen waren. „Wem gehört die Wiese?", fragte der Kater. „Dem großen Zauberer", antworteten die Leute. „Hört", sagte der Kater streng, „wenn jetzt der König kommt und euch fragt, dann antwortet: ‚Dem Grafen!' – oder ihr werdet alle totgeschlagen." Ebenso verfuhr er an einem Kornfeld, auf dem mehr als zweihundert Leute bei der Ernte waren. Und bei einem prächtigen Wald, wo mehr als dreihundert Leute Holz machten. Schließlich kam er zum Schloss des großen Zauberers. Keck ging er hinein, trat vor den Zauberer und machte artig seine Aufwartung. Er habe gehört, sprach er, dass der Zauberer sich nach Belieben in jedes Tier verwandeln könne. Sofern es sich um einen Hund, Fuchs oder Wolf handele, wolle er das gerne glauben. Aber in einen Elefanten? Das erscheine ihm ganz unwahrscheinlich. Der Zauberer sagte stolz, das sei für ihn eine Kleinigkeit, und schon stand er als Elefant vor dem Kater. „Das ist viel", meinte der Kater, „aber wie ist es mit einem Löwen?" Auch das war für den Zauberer kein Problem. Der Kater beteuerte, das alles sei unerhört und unglaublich. „Aber noch mehr wäre es, wenn du dich auch in ein so kleines Tier wie eine Maus verwandeln könntest." Der Zauberer war ganz freundlich wegen der süßen Worte des Katers

und sagte: „O ja, liebes Kätzchen, das kann ich auch." Doch kaum huschte die Maus durchs Zimmer, war der Kater hinter ihr her, fing sie und fraß sie auf.
Derweil fuhr der König an der Wiese vorbei, wo die Leute ängstlich erklärten, sie gehöre dem Grafen. Und ebenso an dem Getreidefeld und bei dem Wald. Der König staunte: „Herr Graf, ihr müsst ein reicher Mann sein!" So kamen sie zum Schloss des Zauberers. Da stand schon der Kater an der Treppe, schlug die Tür des königlichen Wagens auf und rief: „Herr König, willkommen im Schloss meines Herrn, des Grafen, den diese Ehre für sein Lebtag glücklich machen wird!" Der König stieg aus und wunderte sich sehr. Der Müller aber führte die Prinzessin hinauf in den Saal. Dort wurde die Prinzessin dem Grafen versprochen. Und als der König starb, ward er König und der Kater sein erster Minister. (nach Gebrüder Grimm)

„Was einer aus sich machen kann", hat jemand diese Geschichte überschrieben. Das bringt uns auf den Gedanken, es könne sich bei dem kecken Kater um niemand anderen als um das verborgene andere Ich des Müllerssohnes handeln. Das Märchen lässt den Müller doppelt auftreten, wie es einem Menschen wohl passieren kann, dass er einerseits mutlos ist und sich andererseits übermütig ausmalt, es könnte alles ganz anders sein. Das Glück des Müllers ist, dass er nicht im Selbstmitleid hängen bleibt, sondern sich aufrafft. Kaum hat er begonnen, macht er die tollsten Erfahrungen. Er kann es kaum glauben, aber es läuft. Sein Talent, so klein es ihm zunächst schien, bewährt sich. Er musste sich nur auf die Hinterbeine stellen und sich ins Leben hinauswagen. Er musste aufhören, sich schlecht zu reden. Statt sich zum hoffnungslosen Fall zu stilisieren, lebt er seinen Traum und geht als „Herr Graf" einher. Ein Hochstapler? Vielleicht. Aber vor allem ein Mensch, der das Vertrauen zu sich selbst zurückgewonnen hat. Das Märchen macht uns jedoch keine Illusionen. Dran bleiben muss der Müller „viele Tage". Der Erfolg kommt nicht über Nacht.
Matthäus überliefert ein Gleichnis (25,14-30), das einem sofort einfallen kann, wenn man von den drei Söhnen des Müllers hört, die

sehr ungleich ausgestattet ins Leben geschickt werden. Jesus erzählt da eine Geschichte, die sich auch auf einen Dritten konzentriert. Der Stoff dieses Gleichnisses lag damals vielleicht in der Luft. Denn die Geschichte spricht Menschen an, die warten, dass endlich die neue Zeit Gottes anfängt, das Reich Gottes, die Messiaszeit, die Zeit, in der alles gut wird. Diese Menschen werden verglichen mit Angestellten eines hohen Herrn, eines Geschäftsmannes etwa, der längere Zeit verreisen will. Vor der Abreise übergibt er sein Vermögen an die Angestellten, jedoch nicht zu gleichen Teilen, sondern wie er eben ihre Fähigkeiten einschätzt. Der Erste bekommt umgerechnet fünfundzwanzigtausend Euro, der Zweite fünftausend, der Dritte zweitausendfünfhundert. Große Summen also. Dann reist der Mann ab.
Die ersten beiden fangen unverzüglich an, mit dem Geld zu wirtschaften. Sie nehmen die Herausforderung an und nützen die Zeit. Der Dritte aber vergräbt das Geld seines Herrn in der Erde, er bestattet es sozusagen wie einen Leichnam: totes Kapital. Vielleicht bedauert er, dass der Herr ihm wenig zutraut. Vielleicht betrauert er sich selbst, weil er's weniger gut getroffen hat. Jedenfalls gibt er auf, bevor er angefangen hat. Er verabschiedet sich aus dem Geschäftsleben. Er verhält sich, als wäre er gestorben. Rechnet er eigentlich damit, dass die Zeiten sich ja ändern könnten?
Dann kommt – übrigens nach langer Zeit erst – der Herr überraschend zurück und lässt sich Rechnung legen. Der Erste berichtet, dass er das Kapital hat verdoppeln können. Auch der Zweite hat guten Gewinn gemacht. Beiden spricht der Herr seine Anerkennung aus. Dann kommt der Dritte an die Reihe. Er bringt sein Kapital zurück und erklärt, er sei besorgt gewesen, etwas zu verlieren; deshalb habe er das Geld vergraben; hier sei die Summe, die er erhalten habe. Ganz offensichtlich hat er ein schlechtes Gewissen; denn er versucht, einem Tadel zuvorzukommen, und beschwert sich über seinen Herrn; man wisse ja, dass man sich vorsehen müsse vor seiner gestrengen Härte. Der Herr reagiert darauf äußerst ungehalten und macht seinem Angestellten heftige Vorwürfe. Er lässt ihm das Geld wegnehmen und es dem Ersten übergeben. Er kündigt ihm fristlos und wirft ihn aus dem Haus.

Wenn man das Gleichnis so liest, dass man in dem „hohen Herrn" eine Anspielung auf Gott sieht, dann wird man verblüfft sein, dass Jesus in diesem schroffen Ton von Gott spricht. Aber so ist das Gleichnis nicht gemeint. Die Charakteristik des Geschäftsmannes gehört ebenso zum vorgegebenen Erzählmaterial wie die genannten Summen. Der springende Punkt liegt woanders. Jesus sagt: Jeder hat Talente, große oder kleine. Und jeder bekommt Zeit. Es ist nicht recht, seine Talente zu vergraben und sich tot zu stellen.
Hören wir die Geschichte mit den Ohren der Zeitgenossen Jesu, dann mag es sein, dass welche darunter waren, die sagten: Die Weltsituation ist so miserabel, dass nur Gott oder der Messias oder ein Wunder helfen kann. Richtig, sagt Jesus, Gott wird kommen, aber wir sollen und können dem Kommenden entgegengehen. Wenn wir das tun, wird er uns gewiss überraschend, aber nie unerwartet treffen. Nicht schlafen, dösen, abwarten, trauern, sondern wach sein, Stiefel anziehen, unter die Leute gehen und tätig sein – wie der Müller und sein Kater. „Kaufet die Zeit aus!", heißt es dazu im Kolosserbrief (4,5), auch wenn der Epheserbrief hinzufügt: „denn es ist böse Zeit" (5,16).

Rumpelstilzchen

„Ich habe dich bei deinem Namen gerufen; du bist mein.“

Ein armer Müller hatte eine schöne Tochter. Als er den König traf, rühmte er großsprecherisch, seine Tochter könne Stroh zu Gold spinnen. Das reizte den König. Der Müller sollte seine Tochter ins Schloss bringen. Dort wurde sie in ein Zimmer voll Stroh geführt, ein Spinnrad war auch vorbereitet; über Nacht sollte sie das Stroh vergolden. Sonst müsse sie sterben.

Das arme Mädchen wusste sich keinen Rat und weinte. Auf einmal ging die Tür auf und ein kleines Männlein trat herein und versprach zu helfen. Aber es verlangte ein Pfand. „Was gibst du mir, wenn ich dir's spinne?" – „Mein Halsband", sagte das Mädchen. Da setzte sich das Männchen ans Spinnrad und im Nu waren alle Spulen voll Gold und alles Stroh war verbraucht. Am Morgen konnte es der König kaum erwarten nachzusehen. Er freute sich sehr und wollte sofort mehr. Am folgenden Abend brachte er das Mädchen in eine größere Kammer. Es ging wie beim letzten Mal. Doch das Mädchen musste dem Männchen seinen Ring lassen. Am dritten Abend kündigte der König an, er werde die Müllerstochter heiraten, wenn sie die Probe noch einmal bestehe. Dieses Mal hatte das Mädchen nichts mehr, was es dem Männchen geben konnte. „So versprich mir, wenn du Königin wirst, dein erstes Kind", sagt das Männchen. In seiner Not willigte das Mädchen ein. Am Morgen kam der König wieder, fand alles wie gewünscht und befahl die Hochzeit.

Übers Jahr brachte die Königin ein Kind zur Welt. Das Männchen hatte sie schon ganz vergessen. Da trat es plötzlich in ihre Kammer, um das Kind abzuholen. Die Königin jammerte und weinte und bot alle Reichtümer des Königreiches an. „Nein", sagte das Männchen, „etwas Lebendiges ist mir lieber." Aber dann machte das Männchen doch ein überraschendes Angebot. Drei Tage sollte die Königin Zeit haben. „Wenn du bis dahin meinen Namen weißt, so sollst du das Kind behalten."

Die Königin schickte Boten in alle Welt, damit sie erkundeten, was es für Namen gibt. Schon am nächsten Tag fragte das Männchen ungeduldig nach. Aber Kasper, Melchior, Balzer und alle anderen Namen waren falsch. Da fragte die Königin herum nach anderen Namen. Wieder war das Männchen da und hörte sich die seltsamsten Namen an: Rippenbiest, Hammelwade, Schnürbein? „Nein, so heiß' ich nicht“, antwortete das Männchen stets. Am dritten Tag kam ein Bote zur Königin zurück und berichtete, er habe im Wald hinter dem Berg, wo Fuchs und Hase sich gute Nacht sagen, einen lächerlichen Zwerg auf einem Bein hüpfen sehen, der schrie: „Ach, wie gut, dass niemand weiß, dass ich Rumpelstilzchen heiß'!“ Da war die Königin froh! Und als das Männchen wieder hereinkam, fragte sie: „Heißest du Kunz? Oder Heinz? – Oder etwa Rumpelstilzchen?“ Da schrie das Männchen auf und stampfte mit seinem rechten Fuß so fest auf den Boden, dass er bis zum Leib hineinfuhr, und packte wütend den linken Fuß und riss sich selbst mitten entzwei. (nach Gebrüder Grimm)

Im Geheimnis des Namens lag für die Menschen der biblischen Zeit das Geheimnis der Person. Jemanden einen Namen geben, bedeutet, ein Besitzrecht geltend zu machen, Überlegenheit zu demonstrieren, Ansprüche. Besiegte Könige bekamen vom Sieger neue Namen. Schon in der biblischen Urgeschichte begegnet diese Denkweise. Als Adam sich im Garten Eden einsam fühlt, ruft Gott die Tiere herbei. Der Mensch gibt ihnen Namen und beweist damit seine Überlegenheit, „aber er fand niemand darunter, der ihm ebenbürtig war“ (1. Mosebuch 2,20).

Als Mose in der Dornbuschvision (2. Mosebuch 3) von Gott wissen will, wie sein Name sei, da verweigert Gott die Antwort. Er wahrt seine Souveränität und Freiheit. Er gibt sich dem Menschen nicht in die Hand. Wenn er sich mit ihm verbindet, dann entweder so, dass er auf den Menschen die Hand legt, oder so, dass er den Menschen an der Hand nimmt. „Ich werde für dich da sein mit allem, was ich bin“, das soll ihm als Gottes Name genügen. Ein verbindliches Versprechen ist das; denn so sind die geheimnisvollen Worte zu verstehen, die in unserer Sprache oft widergegeben werden mit „Ich werde sein, der ich sein werde“. Oder fast als Rätselwort: „Ich bin, der ich bin.“ In der jüdischen Gemeinde hat man diese Unverfügbarkeit Gottes dadurch zu respektieren versucht, dass man sich

hütete, den Namen Gottes überhaupt auszusprechen, und sich mit Umschreibung behalf.
Auch als Jesus den Fischer Simon in seinen Kreis beruft, sagt er: „Für mich bist du Kephas." Das ist das hebräische Wort für Fels, auf Griechisch Petrus (Johannesevangelium 1,42). So engagiert Jesus den Fischer für sich.
In der Welt unserer Vorfahren dachte man ganz genauso. Deshalb ist es mit Rumpelstilzchens Überlegenheit vorbei, als die Königin den Namen weiß.
Das Märchen enthält allerdings noch eine Reihe anderer Motive, die auch in der Bibel begegnen. Die verführerische Macht des Reichtums, die die Mächtigen das Leben anderer gering achten lässt. Die Rechtlosigkeit einer unverheirateten Frau, die zuerst vom Vater, dann vom königlichen Dienstherrn und künftigen Ehemann benutzt wird, ohne dass jemand sich um ihre Angst und ihre Tränen kümmert. Wie anders hat Jesus Frauen ernst genommen und ist ihnen achtungsvoll begegnet! Auch zu seiner Zeit waren Frauen vielfach eingesperrt und gesellschaftlichen und religiösen Zwängen unterworfen, die kränken und krank machen. Von Jesus wird erzählt, es seien ihm Frauen gefolgt, die er von Dämonen befreit habe wie Maria aus Magdala, „aus der er sieben böse Geister ausgetrieben hatte", die er also aus zwanghaften Ängsten herausgeholt hatte. Wie neu geboren mögen sich diese Frauen gefühlt haben! Leicht kann man verstehen, dass sie für ihn alles gaben, um ihm zu danken (Lukasevangelium 8,2-3). Aber sie taten das aus freien Stücken, keineswegs gezwungenermaßen wie die Müllerstochter, der der Dämon sogar das Kind nehmen will, wie es in alter Zeit oft geschah, wenn der Vater ein Kind einfach nicht haben wollte.
Das Märchen erzählt die todtraurige Geschichte der Müllerin so heiter, ja, am Ende fast übermütig, dass man ahnt, welch ein Glück es für Frauen war, wenn die Angst von ihnen abfiel. Es hat sich daran nichts geändert bis heute. Aber nicht nur an Frauen denkt Paulus, wenn er von der „herrlichen Freiheit der Kinder Gottes" schreibt (Römerbrief 8,21).

Die Gänsehirtin am Brunnen

„Das Alte ist vergangen. Alles ist neu geworden.“

Zunächst erzählt das Märchen von einem steinalten Mütterchen, das mit einer Herde Gänse in einem kleinen Haus hinter dem Berg wohnte. Obwohl die Alte an einer Krücke ging, holte sie täglich im Wald eine Schürze voll Gras, dazu Körbe mit wildem Obst. Sie grüßte jeden freundlich, wurde aber doch misstrauisch beobachtet. Sie sei eine Hexe, hieß es.
Einmal überraschte sie ein hübscher junger Mann bei ihrer Arbeit im Wald. Als er sie anteilnehmend ins Gespräch zog, bat sie ihn, ihr tragen zu helfen. Er erklärte sich bereit, betonte aber, sein Vater sei ein reicher Graf; darum sei er arbeiten nicht gewohnt. Eine Stunde Wegs sei es schon bis zu ihrem Haus, sagte die Alte, als sie ihm das Tragtuch und die Körbe auflud. Sie kamen ihm arg schwer vor, als wären lauter Wackersteine darin. Wie der Graf aufgeben wollte, trieb sie ihn an, wurde selbst immer munterer und setzte sich plötzlich auch noch aufs Tragtuch obenauf. So kamen sie endlich zum Häuschen der Alten, wo sie von den Gänsen schnatternd begrüßt wurden. Eine „bejahrte Trulle, groß und stark, aber hässlich wie die Nacht" arbeitet als Gänsehirtin bei der Alten, wurde aber von ihr als Töchterchen angesprochen. Während die Frauen ins Haus gingen, ruhte sich der Graf unter einem Apfelbaum aus. Er bemerkte die Blumen in der Wiese rund ums Häuschen der Alten, einen klaren Bach im Sonnenlicht: „Es ist recht lieblich hier." Da kam die Alte schon zurück, um den Grafen zu entlassen. Als Lohn für die Hilfe übergab sie ihm ein Büchslein, das aus einem einzigen Smaragd geschnitten war. „Bewahr's wohl! Es wird dir Glück bringen", sagte sie. Von der Magd sah er nichts mehr.
Drei Tage irrte der Graf im Wald umher, bis er in eine Stadt mit einem Schloss kam, wo der König und die Königin auf dem Thron saßen. Er kniete vor den beiden nieder und schenkte der Königin das smaragdene Gefäß. Doch als die Königin es öffnete und hineinblickte, fiel sie in Ohnmacht. Wieder zu sich gekommen, schickte sie alle Anwesenden hinaus und schilderte dem Grafen, warum sie so erschrocken sei. Sie habe nämlich mit ihrem Mann drei Töchter gehabt, von denen die Jüngste die

schönste war. Und wenn dieses Mädchen weinte, fielen Perlen aus ihren Augen, erzählte die Mutter.
Vor langen Jahren, berichtete sie weiter, habe der König beschlossen, seine Erbangelegenheiten zu regeln, und sich überlegt: Welche Tochter ihn am liebsten habe, die solle das Beste bekommen. Da begann die Älteste, sie liebe ihn wie süßesten Zucker. Die zweite sagte, sie liebe ihn wie ihr schönstes Kleid. Der dritten sei vor lauter Verlegenheit zuerst nichts eingefallen; dann sagte sie, weil keine Speise ohne Salz schmeckt, liebe sie den Vater so wie Salz. Der König sei darüber empört gewesen, habe sein Reich zwischen den beiden ältesten aufgeteilt; der jüngsten Tochter aber habe er einen Sack Salz auf den Rücken binden und sie in den Wald führen lassen. Später habe er zwar seinen Zorn bereut und nach der Tochter gesucht. Sie sei jedoch verschwunden geblieben.
„Aber stellt euch vor", sagte die Königin, „als ich euer Smaragdbüchslein aufmachte, da lag ein Perle darin, gerade so eine, wie sie meiner Tochter aus den Augen geflossen sind." Der Graf berichtete daraufhin, wie er an das Büchslein gekommen war von der Alten im Wald. Und sofort beschlossen König und Königin, gemeinsam mit dem Grafen die Alte zu suchen, um Nachricht von der Tochter zu bekommen.
Die Alte pflegte abends am Spinnrad zu sitzen. Wenn dann die Magd mit den Gänsen heim kam, setzte sie sich mit ihrem Spinnrad dazu, bis es dunkel wurde. So saßen sie jetzt schon zwei Stunden, als eine Nachteule zu hören war. „Jetzt ist's Zeit, Töchterchen, dass du hinausgehst, deine Arbeit zu tun", sagte die Alte geheimnisvoll. Die Magd gehorchte, lief durch die Wiesen hinunter zu einem Brunnen, zog eine Haut ab, die auf ihrem Gesicht lag, und fing an sich zu waschen. Goldene Haare wie Sonnenstrahlen hatte sie jetzt, die im Mondlicht glänzten, aber sie weinte. Auf einmal knackte es in einem Baum. Sofort streifte sie erschrocken die Haut wieder übers Gesicht und eilte zum Haus der Alten zurück. Die fing gerade mitten in der Nacht mit Putzen und Kehren an. Was das zu bedeuten habe, fragte die Magd. Darauf die Alte: „Denkst du nicht daran, dass du heute

vor drei Jahren zu mir gekommen bist? Die Zeit ist aus, wir können nicht länger beisammen bleiben." Die Magd erschrak wieder, aber die Alte schickte sie in ihre Kammer, sie solle die Haut abnehmen und das seidene Kleid anziehen, das sie getragen habe, als sie zu ihr gekommen sei.
Währenddessen irrten das Königspaar und der Graf im Wald herum. Sie verloren sich. Der Graf kletterte auf einen Baum, von wo aus er beobachtete, wie sich das Mädchen am Brunnen wusch. Plötzlich krachte ein Ast und das Mädchen sprang wie ein Reh davon. Da waren auch schon König und Königin wieder bei dem Grafen. Der König hatte ein Licht gesehen, das Licht vom Haus der Alten. Sie fanden dort hin, schauten durchs Fenster, sahen aber nur die Alte am Spinnrad. Sie klopften ans Fenster. Die Alte schien nicht überrascht, bat die Gesellschaft herein und rief das Töchterlein. Da trat die Königstochter heraus in dem seidenen Gewand und mit ihren goldenen Haaren und leuchtenden Augen, „als ob ein Engel vom Himmel käme." Sie fiel den Eltern um den Hals, doch als sie den jungen Grafen sah, errötete sie. Die Alte aber hatte alle die Perlen aufgehoben, die das Mädchen geweint hatte. Die übergab sie ihr jetzt. So war das Mädchen auf einmal eine reiche Frau. Und das Häuschen der Alten verwandelte sich zu einem prächtigen Schloss. Es konnte Hochzeit gefeiert werden. Die Alte aber hatte sich längst verabschiedet. Eine Hexe war sie nicht, nein, sondern eine weise Frau, die es gut meinte mit den Menschen. (nach Gebrüder Grimm)

Wie schwer kann es einem Menschen gemacht werden, zu sich selber zu finden und glücklich zu werden! „Sie gehen hin und weinen und ihre Tränen sind wie edler Same", sagt ein biblisches Psalmlied (126). Es ist von der gleichen Zuversicht erfüllt wie das Märchen: „Mit Freude werden sie die Ernte einbringen." Viele Psalmen sind Klagelieder von Menschen, die Schweres durchgemacht und eine Wende erlebt haben. Wie Hiob hilft ihnen das Vertrauen, dass Gott auch hinter dem Schweren stehe: „Du lässest mich erfahren viele und große Angst, aber du machst mich wieder lebendig und tröstest mich wieder" (Psalm 71). Man mag auch an Jesus denken, den ein Lied der frühen Christengemeinde in dieser Symbolik beschreibt, freilich so, dass er aus freien Stücken „heruntersteigt": „Göttlich war er wie Gott, aber er hielt sein Vorrecht nicht fest, Gott gleich zu sein. Er legte es ab, nahm die Gestalt eines Knechts an und war ein Menschen unter Menschen ... Tief stieg er hinab bis zum Tod, ja, zum Tod am Kreuz. Darum hat ihn Gott erhöht und gesetzt über alles, was lebt, über Menschen und Mächte ..." (Philipperbrief 2,5-11, Übersetzung nach Jörg Zink).

Schon der Titel des Märchens hebt den Brunnen hervor. Man kann sich dabei erinnern an die vielen Brunnen-Begegnungen der Bibel. Hier sieht aber nicht nur der Graf das Mädchen am Brunnen zum ersten Mal als das, was es in Wahrheit ist, sondern der Brunnen ist auch ein Ort der Verwandlung. Die Magd streift ihr Trauergewand ab, benetzt sich mit Wasser und steht als strahlende Königstochter da, die sogar noch in der Nacht leuchtet wie von der Sonne beschienen.

Er liegt nahe, hier an den Taufbrunnen zu denken. Denn dort erleben Menschen genau diese Verwandlung. Als der Verfasser des Kolosserbriefes die Leser an ihre Taufe erinnert, sagt er: „Ihr habt ausgezogen den alten Menschen und angezogen den neuen, der so ist, wie Gott ihn gedacht und gewollt hat" (3,9). „Ein Bad der Wiedergeburt und Erneuerung" wird die Taufe genannt (Titusbrief 3,5). Das deutsche Wort ‚Taufe' ist ja auch abgeleitet von ‚tauchen'.

Paulus war es zuerst, der in dem symbolischen Taufritus das Geschick des Sterbens und Auferweckt-Werdens von Jesus abgebildet sah. „Wir alle", schreibt er den Christen in Rom, „die wir auf Christus getauft sind, sind in seinen Tod hineingetauft. Was wir vorher waren, das ist nun, da wir getauft sind, tot und begraben, wie er begraben war. Und wie er auferweckt wurde aus dem Tode durch die Macht Gottes, so wollen auch wir ein neues Leben führen." Und noch einmal bekräftigt er diese Symbolik: „Wir sind, indem wir getauft wurden, seinem Tode ähnlich geworden ... Da wir nun mit Christus gestorben sind, glauben wir, dass wir auch mit ihm leben werden" (Römerbrief 6,2-6). In anderem Zusammenhang formuliert Paulus sogar noch prägnanter: „Wer – als Getaufter – zu Christus

gehört, der hat ein neues Leben. Das Alte ist vergangen, alles ist neu geworden“ (2. Korintherbrief 5,17).
Freilich, da sind auch Unterschiede zwischen der Verwandlung des Mädchens am Brunnen und dem, was Christen in der Taufe erleben. Das Mädchen ist jetzt nur wieder, was sie in Wahrheit ist, die Königstochter. Man sieht es ihr auch an. Das neue Leben des Christen dagegen muss man sich eher vorstellen wie das Leben eines Samens oder eines Keimlings. Alles Neue ist zwar da, aber äußerlich ist es nicht mit einem Schlag offensichtlich. Es muss sich entfalten, muss wachsen, um immer mehr aufzublühen. Die volle Blüte steht den „Kindern Gottes“ noch bevor, schreibt Johannes: „Es ist noch nicht am Tage, was wir sein werden. Wenn es aber sichtbar wird, werden wir Christus gleich sein. Dann werden wir auch ihn sehen, wie er ist“, nämlich sonnenhell leuchtend im Lichte Gottes (1. Johannesbrief 3,2).

Froschkönig

„Wenn ich schwach bin, bin ich stark."

Ein Frosch traf eine Königstochter in einer argen Verlegenheit. „Wenn du mich annehmen willst, so wie ich bin, will ich dir gerne helfen." Fast klingt es, als wollte der kalte Frosch ein Liebesgeständnis von dem erschrockenen Mädchen hören. Ja, wirklich: „Wenn ich bei dir sitzen darf, aus deinem Tellerchen essen und in deinem Bettchen schlafen, dann will ich dir gerne helfen und deine goldene Kugel aus dem Brunnen holen." Verwegen und berechnend erscheint uns das Angebot des Frosches. Ist das die Sprache der Liebe? Oder schlägt er nur einen Handel vor: Wenn du lieb bist, dann will ich dir gerne helfen? „Meinetwegen", stieß die Königstochter schnell heraus, ohne lange nachzudenken, „wenn ich nur erst die Kugel wieder habe." Der Frosch fasste nach: „Versprochen?" – „Versprochen." Doch kaum hatte sie ihren Willen, da war der Frosch vergessen. Man hat es schon geahnt. Wäre da nicht die väterliche Autorität, die fordert, Wort zu halten und den Widerwillen gegen den kalten Nothelfer zu unterdrücken, die Geschichte hätte vielleicht ein vorzeitiges Ende genommen. Aber das gehört ja auch zu den Aufgaben der Eltern, die Jugend daran zu erinnern: „Versprochen ist versprochen."
So durfte der garstige Platscher seinen Platz an der Seite der Prinzessin einnehmen. Kann man es ihr verdenken, dass sie ihn nur mit spitzen Fingern anfassen mochte? Dass sie schließlich bitterböse wurde und ihn – bratsch – an die Wand warf? Der Frosch mochte das Recht für sich und die Autorität des Vaters hinter sich haben, trotzdem: Er hatte die Not des Kindes ausgenutzt. Fein war das nicht. Aber als dann auf einmal der Königssohn vor der Prinzessin stand, blühte auch in ihr etwas auf. Jetzt war er doch schnell ihr lieber Gesell' und sie hielt ihn wert, wie sie versprochen hatte, und sie schliefen vergnügt beisammen. Laut zersprang da dem treuen Heinrich die Beklommenheit um die Brust, als er das Brautpaar schlosswärts zur Hochzeit geleitete. (nach Gebrüder Grimm)

Ganz fein war es wohl auch nicht, wie Paulus seine Apostelargumente gegenüber den Korinthern einsetzte. Man kann es im 2. Ko-

rintherbrief nachlesen, zum Beispiel in den Schlusskapiteln. Korinthische Gemeindemitglieder wollen sich offenbar der Autorität des Apostels und Gemeindegründers entwinden, wollen es besser wissen und mit ihm am liebsten gar nichts mehr zu tun haben. Vielleicht genieren sie sich auch, weil Paulus nach ihrer Ansicht eine gar zu mickerige Figur macht, weil er stottert und beim Reden die Sätze nicht zu Ende bringt. Die goldene Kugel der Christusbotschaft hatten sie gerne angenommen von ihm. Doch inzwischen sahen sie ihn wohl lieber nur aus der Ferne. Aber da haben sie ihn unterschätzt. Brieflich zieht er alle Register: „Vielleicht bin ich ein Nichts und ein Platscher." Doch dann packt er aus, was er alles ertragen hat an Geringschätzung und Ablehnung und wie er gelitten hat und sich selbst nicht annehmen mochte mitsamt seiner lästigen Unpässlichkeit. „Ja, es fehlt nicht viel und ich gäbe euch Recht", faucht er grimmig. „Doch schuldig geblieben bin ich euch nichts. Ist es nicht so?"
Vielleicht musste es zu dem großen Knall mit den Korinthern kommen. Sie haben den Apostel provoziert, nun selber auszupacken und so zu sagen den strengen Vater zu spielen. Sie haben ihn dazu gebracht, sich zu stellen – nicht gerade als strahlender Prinz, aber doch als der, der sich nicht abservieren lässt. Hat er nicht alles gegeben, was er geben konnte? Paulus muss die Korinther heftig mit der Nase darauf stoßen, dass sie seiner Verkündigung ihr ganzes Glück verdanken, jetzt und erst recht in der großen Zukunft, wenn „Hochzeit" gemacht wird.
Das Bild von der Hochzeit wird im Neuen Testament öfter gebraucht, wenn das große Ziel aller religiösen Hoffnung beschrieben werden soll, nämlich die Vereinigung der Auserwählten und Gläubigen mit Gott und seinem Gesalbten, dem Messias. Dieser Bräutigam ist Paulus selbstverständlich nicht, das weiß er, das wissen die Korinther. Aber als Brautwerber versteht sich der Apostel durchaus. Ohne ihn hätte die korinthische Braut das Brautgeschenk des Evangeliums und den Bräutigam Christus gar nicht kennen gelernt. So gehört der Apostel doch irgendwie an die Seite des Frosches – wie der getreue Heinrich im Märchen.
Als Paulus seinen heftigen Brief schreibt, um der Braut seines Herrn ins Gewissen zu reden, kann er nicht sicher sein, wie sein Ausbruch

aufgenommen wird. Feierlich beteuert er aber, dass Christus fest mit der Hochzeit rechnet. „In aller Schwäche hing er einst am Kreuz. In göttlicher Würde lebt und regiert er jetzt – und euch will er dabei haben!" Paulus versäumt nicht hinzuzufügen: „Ich habe wohl an seiner Schwäche Anteil, aber auch an seiner Kraft und Würde, die ihr erleben werdet" (2. Korintherbrief 13,3-4). Man spürt, wie Befangenheit und Beklemmung schließlich von dem treuen Apostel weichen. Gerade so wie die Bande absprangen, die sich um die Brust des treuen Heinrich gelegt hatten, als er hatte mit ansehen müssen, wie sein Herr zum Frosch geworden war.

Die Schneekönigin

„Den Liebenden wird es gelingen."

Gerda und Kay heißen die Kinder, deren Liebe nicht durch eigenes Zutun in Gefahr gerät. Ein rätselhaftes Verhängnis war es, das den beiden mitspielte. Rosenbusch und Erbsenblüten waren die Symbole ihrer Liebe. Bis eines Tages aus einer Schneeflocke die schneekalte Königin lockte. Es muss die Faszination des Neuen sein, die den ahnungslosen Kay ergriff. Das Neue, das so verführerisch und verlockend erscheint, auch wenn es flüchtig ist wie eine Schneeflocke auf einer warmen Hand.
Aber da wurde Kay auch schon getroffen von einem bösen Glassplitter, der Auge und Herz verletzte. Ein Glassplitter? Gewiss, sogar ein besonders gefährlicher. Er stammte nämlich von einem zerborstenen Spiegel, einer teuflischen Kreation; denn wer in diesen Spiegel sah, der sah sich und alles spiegelverkehrt, seitenverkehrt; ja, es verdrehte sich ihm alles ins Gegenteil, aus Lächeln wurde Hass, aus Freundlichkeit gemeine Bosheit, aus Liebe kleinliches Gemäkel. Abertausend winzig kleine Spiegelsplitter hatten sich überall hin bis in die hintersten Winkel der Erde verteilt, als der Spiegel gebrochen war. Wehe, wer einen ins Auge bekam! Und noch schlimmer: ins Herz! Dann gefror es ihm augenblicklich zu Eis.
Solch ein Splitter hatte Kay getroffen, gerade als ihn die Schneekönigin zu bestricken begann; und so nahm das Unheil seinen Lauf. Kay fuhr Gerda mit frostiger Gehässigkeit an. Die Schneekönigin aber fesselte ihn in kalter Besitzgier an sich. Auf seinem Schlitten nahm sie ihn mit in ihre kalte Welt, in der tausend zugefrorene Seen glitzerten – wie Gräber waren sie, in denen erstarrte Liebe begraben liegt. Und schon hatte er Gerda vergessen.
Sie aber gab nicht auf. Sie begann, ihren Geliebten zu suchen. Sie bat den Fluss, ihr zu helfen. Denn wo der Fluss ist, da ist Bewegung und Wandel und Leben. Der Fluss trug sie zu einer blühenden Wiese. Dort fand sie in einem hellen Häuschen eine freundliche Fee. Fast wäre sie bei ihr geblieben, verliebt nur noch in sich selbst und ihr schönes Haar; auch war sie in Gefahr, alles zu vergessen, was einmal so beglückend war. Doch da sah

sie eine Rose und augenblicklich kehrte die Sehnsucht zurück. Krähe und Rentier kamen ihr zu Hilfe und brachten sie zum Eispalast der Schneekönigin. Wie zu Tode erstarrt lag Kay schlafend da. So fand sie ihn, umarmte ihn, wärmte ihn, küsste ihn wach und wusch mit ihren Tränen die Splitter aus seinen Augen und aus seinem Herzen, bis auch er wieder weinen und lieben konnte. (nach Hans Christian Andersen)

Dass die Liebe zwischen zwei Menschen stets gefährdet ist, wir wissen es alle. Es bedarf dazu nicht einmal eines Entschlusses, keiner vorsätzlichen, bewussten Untreue. Es geschieht nebenbei und wie von selbst, wenn der Frühling erster Verliebtheit vorbei ist, der Sommer warmer Zweisamkeit zum Herbst geworden ist, wenn Monate oder Jahre ins Land gingen und die Gefühle winterlich kühl geworden sind. Auf einmal hat ein Mensch nicht nur Augen für die eine. Auf einmal spürt er Verlockung. Da kann sogar eine flüchtige Erscheinung ihn bestricken. Er sieht die Frau, er spürt das Begehren – und schon ist er wie verzaubert, verhext. Und die Schneekönigin fährt mit ihm Schlitten.

Warum das so ist, warum wir Menschen so sind? Wer will das wissen. Aber wir sind so, die gefährlichen, verletzenden Splitter des Spiegels sind allgegenwärtig. Sie können uns allen zum Verhängnis werden.

Wer der Verlockung erliegt, wer einer Frau mit begehrlichem Blick nachsieht, sagt Jesus, den hat der Splitter schon getroffen (Matthäusevangelium 5,28). Und alsbald verkehrt sich Treue in ihr Gegenteil, wird Undank, Verstoßung und verblendete Flucht. Der Zauber der Lust entartet zum Fluch, der Vertrauen und Glück zerstört. Warum nur sind wir Menschen so leicht zu verführen? Es ist, als spräche Jesus alle schuldig, wo doch vielleicht gar keine Schuld ist, sondern nur das Verhängnis des geborstenen Spiegels.

Jesus weiß aber auch, dass wir unter diesem Verhängnis nicht verloren gehen müssen. Er weiß, dass Menschen zu neuer Liebe fähig sind. „Ich verurteile dich nicht. Geh und sündige hinfort nicht mehr", sagt er zu der Frau, die man beim Ehebruch ertappt hatte (Johannesevangelium 8,3-11). Er hält es für möglich, dass auch wir handeln können wie Gerda, die ihrer Liebe die Treue hält und erfährt, wie ihr wunderbar geholfen wird. Jesus hat es selbst vorgelebt. Er sucht sein Schaf, das sich in ausweglose Einsamkeit verrannt hat (Lukasevangelium 15,4-7). Er ist Gerda. Er hat Kay gesucht, gesucht, gesucht und gefunden.

Marienkind

„Die Wahrheit wird euch frei machen."

Armut und Hunger konnten einst so mörderisch sein, dass Eltern sogar ihr einziges Kind lieber tot wünschten, als sein Elend mit ansehen zu müssen. So geschah es, dass ein Holzhackerpaar einwilligte, dass die Jungfrau Maria das Töchterchen mit sich in den Himmel nahm, damit es das Kind besser habe. Aber weil es ein Märchen ist, ist die Geschichte damit keineswegs zu Ende. Im Gegenteil. Jetzt erst beginnt das Leben des Kindes mit all seiner Gefährdung und Sehnsucht und verschwiegenen Not. Denn mit dem Erwachsenwerden wurde ihm das himmlisch-paradiesische Dasein zum verlockenden Geheimnis. Wie einst Adam und Eva im Paradiesgarten erfuhren, dass Menschsein Freiheit und Begrenzung bedeutet, wobei sie die Begrenzung als Einengung und Bevormundung missverstehen, so geschah es auch dem Mädchen. Wie Adam und Eva von den Früchten des Paradiesbaumes essen, so öffnete das Mädchen die dreizehnte Tür im Himmel und mit einem Mal war alle Unschuld fort und übrig blieb ein Gefühl, versagt zu haben und verbannt zu sein aus der Geborgenheit des Kindseins. Und weil es nun den Mut nicht finden konnte, zu seinem Tun zu stehen, musste das Mädchen jetzt stumm sein. Es sank in einen tiefen Schlaf und als es erwachte, fand es sich in einem dichten Waldgestrüpp wie in einem Gefängnis, umgeben von Dornen und Disteln. Jetzt musste es sich selbst kümmern; Waldbeeren und Wurzeln waren seine karge Nahrung, Wind und Wetter setzten ihm zu, es verkroch sich in eine Baumhöhle und musste frieren wie die Tiere im Wald, weil mit der Zeit auch sein Kleid zerschlissen von ihm abfiel.
Einmal aber, im Frühjahr, drang ein König bei der Jagd bis in ihre Waldwildnis, drängte sich mit Gewalt durch das Gebüsch und stand plötzlich vor dem zitternden Kind. Antwort vermochte es ihm nicht zu geben. Es nickte nur stumm, als er es auf sein Pferd hob, um es mit sich zu nehmen auf sein Schloss und es zu seiner Frau zu machen. Aber da war immer noch ihre Stummheit. Niemand hatte ihr den Mut gegeben, sie selber zu sein, sich zu offenbaren, zu sich selber zu stehen. So wurde die Königin Mutter und war doch noch ein Kind, das nicht gelernt

hatte, Verantwortung für sich selber zu tragen. Die Jungfrau Maria sei ihr erschienen, hieß es, und habe sie dringend gebeten, endlich sich zu öffnen und ihre Wahrheit zu sagen. Aber sie fand den Mut nicht und so wurde ihr das Kind genommen. Auch ein zweiter Sohn starb aus demselben Grund. Die Gesellschaft bei Hofe verdächtigte die Königin hart, sie selbst sei es, die ihre Kinder ums Leben bringe. Und hätte der König sie nicht beschützt, sie wäre verloren gewesen. Als sie schließlich ein Mädchen bekam und immer noch keinen Mut fand, für sich selber einzustehen, wurde ihr auch dieses genommen. Als Kindsmörderin sollte sie jetzt verbrannt werden.
Da endlich in alleräußerster Not wagte sie den Schritt in die Wahrheit – und erlebte ihn als Weg in ein neues Leben. Auf einmal konnte sie sprechen. Das Verschweigen und Verstummen war vorbei. Sie bekam ihre Kinder zurück. Endlich konnte sie glücklich sein.

Grausam und rätselhaft ist, was dieses Mädchen durchleiden muss. Solch eine Geschichte können Kinder kaum hören, ohne verwirrt und verstört zu werden. Wenn andere Märchen sorgsam darauf bedacht sind, das Bedürfnis kindlicher Zuhörer, dass es gerecht zugehe in der Welt, nicht allzu sehr zu erschüttern oder gar zu enttäuschen, die Geschichte vom Marienkind muss ihnen rätselhaft und grausam klingen. Erwachsene werden vielleicht dunkle Erinnerung heraushören, wie schmerzhaft es ist, erwachsen zu werden. Sie werden an die Paradiesgeschichte denken: Nie gab es Menschen, die in fraglosem Einverständnis mit dem Verbot lebten, vom Baum der Erkenntnis des Guten und Bösen zu essen. Und alle Menschen erleben, dass sie mit dem Überschreiten dieser Grenze den Weg in ein ungesichertes, mühevolles Erdendasein wählen, in dem einem immer wieder genommen wird, was einem gerade erst geschenkt worden war. Man mag es ein frei gewähltes Verhängnis nennen, das über unserem Menschsein liegt. Die einen verwildern darin wie das Mädchen in seinem Dornenwald, die andern verkümmern dabei wie die Königin im Schloss des Besitz ergreifenden Königs, der von der Frau nur etwas für sich will.

Aber das Märchen ist nicht ohne Hoffnung und Angebot. Nicht nur, dass immer wieder die „Jungfrau Maria" auftaucht und eingreift. Nicht nur, dass dem Mädchen immer wieder neu Zeit gegeben wird, selber endlich die Gelegenheit zu ergreifen. Entscheidend ist, dass das Märchen schließlich mit aller Deutlichkeit zu dem Wort von Jesus hinführt: „Die Wahrheit wird euch frei machen" (Johannesevangelium 8,32). Es ist ein langer, leidvoller Prozess, bis das Mädchen sich seiner Schuld und Verstrickung stellen lernt. Um das Angebot anzunehmen, braucht es Vertrauen. Weil das Marienkind dieses Vertrauen nicht hat lernen dürfen, weil seine tiefe Angst so lange nicht verstanden und angenommen war, darum das namenlose, stumme Leiden. Was man sich nicht zutraut, kann auch nicht gelingen.
Aber zu spät ist es nie, sagt das Märchen. Und sei es in der äußersten Gefahr: Heilung kann zu jeder Zeit geschehen, wo Vertrauen ist. Die Maria des Märchens weiß ja ohnedies alles. Das Mädchen hätte es sich ersparen können, seinen Kummer mit sich selbst abzumachen. So steht es im 1. Johannesbrief (3,20): „Wenn unser Herz uns verdammt, dann wissen wir und können unser Herz damit trösten, dass Gott größer ist als unser Herz und dass alles längst vor seine Liebe offen daliegt."

Die Sterntaler

„Einer teilt aus und hat immer mehr."

Armut kann bitter sein, wo sie nichts ist als eben bittere Armut. Das kleine Mädchen, von dem das Märchen erzählt, war vielleicht noch zu einfältig, um die Bitterkeit zu schmecken. Aber das war es nicht allein. Vertrauen auf den lieben Gott, der die Vögel unter dem Himmel ernährt, habe die Schritte des Kindes leicht gemacht, heißt es. Dabei hatte es wirklich alles verloren, was ein Kind verlieren kann: Vater und Mutter, seine Zuhause, sein Bettchen. Nur die Kleider auf dem Leib waren ihm geblieben und ein Stückchen Brot, das ihm ein mitleidiger Mensch geschenkt hatte.
Bald begegnete der Kleinen ein armer Mann, der sie um etwas zu essen bat. Sie schenkte ihm das Brot und wünschte Gottes Segen. Da traf sie ein Kind, das jammerte, weil es am Kopf fror. Sie gab ihm ihre Mütze. Und wieder ein anderes Kind bat sie um ihr Leibchen. Ein drittes um das Röcklein. Sie zögerte nie. Derweil wurde es Abend, als sie an einen Wald kam. Es dunkelte schon. Da kam noch ein Kind und bat um das Hemd. „Es ist ja dunkle Nacht, da sieht dich niemand, du kannst wohl dein Hemd weggeben“, dachte sie bei sich und tat es.
Aber wie sie so dastand und wirklich nichts mehr hatte, fielen auf einmal die Sterne vom Himmel und es waren lauter blanke Taler und ein neues Hemdchen bekam sie auch, das war vom allerfeinsten Leinen. (nach Gebrüder Grimm)

Vom heiligen Franz von Assisi wird erzählt, dass er die Armut zu seiner Braut erwählt habe. Mit Freude hatte er sich ihr verlobt und mit ihr Einzug gehalten im Haus der Vertrauens, wo Menschen einander mit erwartungsvoller Güte begegnen. Wenn ihn jemand beschenkte mit dem, was zum täglichen Leben nötig ist, antwortete Franz mit einer Gratulation, weil jener seine Menschlichkeit gezeigt und sich dadurch eigentlich selbst das größte Geschenk gemacht habe.
Ich habe noch niemals jemanden getroffen, der sich über die leichte Hand des Mädchens entrüstet hätte. Wir ahnen, dass wir alle, die es ihr kaum nachtun können, nicht grundlos viel gebückter unseren Weg gehen. Aber wer wollte es uns zum Vorwurf machen, dass wir einteilen und rechnen und Vorsorge treffen, haushälterisch leben

und froh sind, wenn wir ein bisschen mehr haben als nur das Auskommen für morgen und übermorgen. Und doch ahnen wir, dass asiatische Mönche mitsamt ihrer Bedürfnislosigkeit keine Toren sind. Und dass auch Jesus nicht töricht war, als er die arme Witwe lobte, die ihre letzten Groschen verschenkt (Markusevangelium 12,41-44). Wir fühlen auch mit dem jungen Mann, der einst zu Jesus kam, um ihm die Unruhe seines Herzens zu bekennen (Matthäusevangelium 19,16-22). Jesus erinnerte ihn daran, dass ihm das Leben gewiss gelingen werde, wenn er Gottes gute Gebote beachte. Das sei es nicht, antwortete der Mann, er habe sich immer danach verhalten. Darauf wusste ihm Jesus nur noch einen Rat: „Verschenk dein Hab und Gut! Du wirst sehen, wie unbeschwert und glücklich du lebst. Du wirst einen Schatz bei Gott im Himmel haben. Und dann komm wieder und geh meinen Weg mit."
Dass es von jenem ‚reichen Jüngling' heißt, er sei traurig weggegangen, wird uns nicht überraschen. Aber umgekehrt wissen wir doch, dass es wahr ist: Geben macht mehr Freude als Empfangen, wie Paulus von Jesus gelernt hat (Apostelgeschichte 20,35). Und manchmal spüren wir diese Freude auch, wenn wir unsere linke Hand nicht wissen lassen, was die rechte tut (Matthäusevangelium 6,3), wenn wir einfach ‚bedenkenlos' großzügig gewesen sind.
Der Segen, der auf das Mädchen im Märchen herabregnet, ist nichts, worauf man spekulieren kann. Und als Jesus dem jungen Mann verspricht, Gott werde ihm großzügig vergelten, was er Gutes tut, nimmt es der Reiche nicht als Gewinnvoraussage. Das hat er schon verstanden, dass Schenken etwas anderes ist, als ein Geschäft mit dem lieben Gott zu machen. Aber wahr ist auch, dass viele erlebt haben, was das Märchenkind erleben durfte. Schon in der hebräischen Bibel ist es als Sprichwort formuliert: „Einer teilt aus und hat immer mehr. Ein anderer kargt und wird dabei arm" (Sprüche 11,24).

Hans im Glück

„Denen, die Gott lieben, müssen alle Dinge zum Besten dienen."

Einen Klumpen Gold, so groß wie sein eigener Kopf, schleppte Hans nach Hause. Kein Wunder, dass er schwitzte. Er sah aber alles ganz vordergründig: Das Gold beurteilte er nicht nach seinem wahren Wert, sondern nach der Mühe, die er damit beim Schleppen hatte. Das Pferd, das er nicht zu lenken verstand, die Kuh, die ihm beim Melken einen heftigen Tritt gab, das Schwein, das ihm als gefährliches Diebesgut verdächtigt wurde, und die Gans, die ihm das Wasser im Mund zusammen laufen ließ: Eigentlich suchte er bei jedem Tausch seinen Vorteil, während er sich doch Mal um Mal übers Ohr hauen ließ. Das alles wird so fröhlich erzählt, dass man vor lauter Mitfreude gar nicht dazu kommt, den Hans wegen seiner Einfalt zu bedauern. Sogar nach der Begegnung mit dem Scherenschleifer, von dem er zuletzt angeschmiert wurde, leuchteten Hansens Augen vor Freude, als er sich die schweren Steine auflud. „Ich muss in einer Glückshaut geboren sein", rief er aus, „alles, was ich wünsche, trifft mir ein wie einem Sonntagskind." Und dabei blieb er, auch als er die Steine vor seinen Augen in der Tiefe des Brunnens verschwinden sah. Er fiel auf seine Knie und dankte Gott mit Tränen in den Augen, dass er ihm diese Gnade erwiesen und ihn auf so gute Art von den schweren Steinen befreit hatte: „So glücklich wie ich gibt es keinen Menschen unter der Sonne", jubelte er und stürmte davon, bis er daheim bei seiner Mutter war. (nach Gebrüder Grimm)

„Das Leben ist eine Reise. Je weniger Gepäck man dabei hat, desto mehr Eindrücke kann man mitnehmen" (Hanna Schygulla). Hans hat viel zu erzählen von seinen Reiseeindrücken. Er nimmt sich Zeit, immer wieder den ganzen Hergang zu schildern. So weckt er Anteilnahme und Sympathie. Wie so oft im Märchen ist es der Harmlose, der Arglose, der Dummling und Tölpel, dem das Wohlwollen des Zuhörers zufällt, wenn er erzählt, wie besonders vorteilhaft er es angestellt habe. Ich vermute, dass alle, die mit ihm einen Handel gemacht haben, nicht nur über ihn lächeln oder ihn gar im Nachhinein verspotten. Sie haben ihn wohl auch ein bisschen lieb gewonnen. Und ein klein wenig mögen ihn die Lebens- und Geschäftstüchtigen

vielleicht sogar beneiden. Denn könnte es nicht sein, dass die Aussteiger und Blumenkinder, Rucksacktouristen und Lovetramper tatsächlich eine Glücksnummer gezogen haben? Wehmütig schauen wir ihnen nach, wohl wissend, dass solch ein Lebensstil für uns doch nicht infrage kommt. Wirklich nicht?
Erstaunlich ist, wie fromm dieser Hans am Schluss sein ganzes Glück als ein Geschenk Gottes deutet und sich inbrünstig dafür bedankt. Ist das nun der Höhepunkt seiner Einfalt? Oder ist vielleicht genau das die tiefe Wahrheit, dass alles wie eine Gnade über das Sonntagskind gekommen ist? Ein Sonntagskind, das ist ja nicht nur ein Glückspilz, sondern auch jemand, der sich als einen Liebling Gottes sehen kann. Mit seiner Lebensfreude beantwortet Hans diese Liebe, wie es sich gehört: Er liebt sein Leben, liebt sich selbst, er ist mit sich im Reinen. Ich denke, genau das hat auch Paulus gemeint, wenn er sagt, dass „denen, die Gott lieben, alle Dinge zum Besten dienen" (Römerbrief 8,28). Und wenn er bekennt, dass alles, was durch Schicksal und Schuld über einen Menschen hereinbrechen kann, das tiefe Sich-bejaht-Wissen nicht infrage stellen kann, das Kern und Stern des Christseins ist (Römerbrief 8,38-39). Mag Hans mit leeren Händen daheim ankommen, arm ist er nicht und bedauern müssen wir ihn auch nicht.
Von Jesus hat einmal jemand gesagt, man könne ihn für den glücklichsten Menschen halten; denn je glücklicher einer sei, desto leichter könne er loslassen. Das klingt wie ein Kommentar zum Märchen von Hans, der am glücklichsten ist, als er nichts mehr hat. Man kann deshalb die Bemerkung über Jesus auch umkehren: Weil er nichts festhält, weil er sich von Gott umsorgt weiß, darum muss er wohl glücklich gewesen sein. Um diese tiefe Geborgenheit in der Fürsorge Gottes geht es Jesus, wenn er uns sagt, wir sollten leben wie Vögel und Blumen. Das Vertrauen, dass wir Gott nicht gleichgültig sind, macht glücklich. „Verzehrt euch nicht in der Sorge, was ihr essen, trinken und anziehen werdet ... Euer Vater im Himmel weiß, dass ihr das alles braucht" (Matthäusevangelium 6,31-32). Es kann einem bei diesen Worten gehen wie bei dem Märchen. Wir alle, die wir mit schwerem Gepäck daher kommen, träumen doch von einem unbeschwerten Unterwegssein von einem Tag zum anderen, ohne

Termindruck und ohne zu rechnen. Und immer, wenn es uns einmal gelingt, etwas von diesem Traum zu leben, fühlen wir uns wie Hans im Glück.

Die sieben Schwaben

„Kämpfe den guten Kampf des Glaubens!“

Kämpferische Bilder begegnen uns auch im Neuen Testament, von der hebräischen Bibel, dem so genannten Alten Testament, ganz zu schweigen. Die Christen nannten sich zuweilen sogar „Soldaten des Christus", und dass das Leben eines Getauften ein Glaubenskampf sei, wird immer wieder betont. „Kämpfe den guten Kampf des Glaubens!" wird zum Beispiel von dem Gemeindevorsteher Timotheus gefordert (1. Timotheusbrief 6,12); dass damit keineswegs beabsichtigt ist, ihn zu einem aggressiven Auftreten zu motivieren, steht eine Zeile vorher, wo ihm Liebe, Geduld und Sanftmut ans Herz gelegt werden. Man muss wohl daran denken, dass es für die Christen der Frühzeit einfach darum ging, sich in einer andersgläubigen Umwelt als Minderheit zu behaupten. Es wurde ihnen ja nicht leicht gemacht. Im ältesten seiner Briefe erinnert Paulus die Thessalonicher an die Anfänge: „Obwohl ihr schweren Anfeindungen ausgesetzt wart, habt ihr die christliche Botschaft mit Freude angenommen" (1. Thessalonicherbrief 1,6). Eine Generation später schreibt der Verfasser der Hebräerbriefes in ähnlichem Ton: „Erinnert euch an jene erste Zeit, als ihr eben Christen geworden wart! Schwer hattet ihr unter Verfolgungen zu leiden, teils so, dass ihr selbst unter Beschimpfungen und Bedrängnissen anderen Leuten zu einem Schauspiel wurdet, teils so, dass ihr euch zu denen stelltet, denen es so erging" (Hebräerbrief 10,32-33). – Darf man in diesem Zusammenhang an die lustige Geschichte von den sieben Schwaben erinnern? Sehen wir zu!

Einmal waren sieben Schwaben beisammen, der Herr Schulz, der Jackli, der Marli, der Jergli, der Michal, der Hans und der Veitli. Weil sie sich große Taten vorgenommen hatten, ließen sie sich einen langen Spieß machen, den sie alle sieben gemeinsam ergriffen, vorn der Kühnste, der Herr Schulz, und zuletzt Veitli.
Und schon wartete das erste Abenteuer auf sie, als ihnen das Brummen eines vorüberfliegenden Rosskäfers in die Ohren dröhnte. „Gott, ich höre eine Trommel!", rief der Herr Schulz in Angstschweiß gebadet. Und schon ließ er den Spieß und floh, sprang über einen Zaun, trat auf die Zinken eines liegen geblie-

benen Rechens, der sich aufrichtete und ihm mit einem heftigen Schlag ins Gesicht fuhr. Darauf der zitternde Schulz: „Ich ergeb' mich, ich ergeb' mich." Die andern taten es ihm tapfer nach. Wie sie dann wieder zur Besinnung kamen und sich umsahen, war nichts und niemand da.
So zogen sie weiter. Nach etlichen Tagen gewahrten sie in einem Brachfeld ein grausames und wildes Tier. Kurz wurde Kriegsrat gehalten, dann waren sie entschlossen: „Wir müssen einen großen und gefährlichen Kampf bestehen, frisch gewagt ist halb gewonnen!" So rückten sie gemeinsam vor; der Herr Schulz wollte zwar in letzter Minute bremsen, weil er es schon wieder mit der Angst zu tun bekam; aber die Hinteren drängten ungestüm nach: „Hau! Hurlehau! Hau! Hauhau!" Da schreckte ein Hase auf und sprang eilig davon.
Schließlich kamen sie an die Mosel, ein „moosiges, stilles und tiefes Wasser, darüber nicht viel Brücken sind". Sie riefen einen Mann an, der jenseits des Flusses bei der Arbeit war. Der verstand kein Schwäbisch und rief zurück: „Wat? Wat?" Da meinte der Herr Schulz, er solle durchs Wasser waten, was er auch unverzüglich tat – und dabei unterging. Nur sein Hut schwamm ans andere Ufer. Ein Frosch setzte sich darauf und quakte „Wat, wat, wat." Das nahmen die anderen als Aufforderung ihres Herrn Schulz, ihm zu folgen. Und so gingen sie allesamt unter. Um genau zu sein: Ein Frosch hat die sechs ums Leben gebracht. (nach Gebrüder Grimm)

Auch Paulus hat sich gelegentlich als vorbildlichen Kämpfer vorgestellt, zum Beispiel der Gemeinde von Korinth (1. Korintherbrief 9,24-27). Was diese Schwaben hier aufführen, hätte ihm aber wohl nur in einem einzigen Punkt imponiert: Die sieben Schwaben betreiben ihre Kampfhandlungen gemeinschaftlich, bestehen Niederlage und Sieg gemeinsam. Dieser Teamgeist wäre Paulus wohl sympathisch gewesen, vor allem im Blick auf die Korinther. Denn ihnen mangelte es an Gemeinschaftssinn offenbar sehr, wie wir aus der paulinischen Korrespondenz schließen können. In allen übrigen Einzelheiten hinkt ein Vergleich. Paulus denkt eher an einen sportlichen

Anlass, etwa einen Wettlauf oder einen Faustkampf. Zweitens legt er größten Wert auf Fitness und Selbstdisziplin, damit ihm keine Fehler unterlaufen. Und vor allem rechnet er fest damit, erfolgreich zu sein und den Siegeskranz übereignet zu bekommen.
In der fröhlichen Geschichte der sieben Helden mag man die schwäbische Lust wiederfinden, herzhaft über sich selbst zu lachen. Dem Paulus aber geht es um ein ernstes Anliegen. Bewährung im Alltag, mutiges, entschlossenes Eintreten für die christliche Sache und eine entsprechend disziplinierte Lebensführung verlangt er. Nicht nur um des Eindrucks willen, der dadurch bei der kritisch-distanzierten Öffentlichkeit geweckt wird. Sondern vor allem, weil Christsein zielorientiert ist: Dass wir das Leben nicht verspielen, zu dem uns Christus berufen hat. Deshalb muss man gerüstet sein, schreibt Paulus nach Thessalonich: „Wir wollen Glauben und Liebe als Panzer anlegen und die Hoffnung auf Rettung als Helm" (1. Thessalonicherbrief 5,8).
Aber vergessen wir nicht: Die Kampf-Metaphern, so oft sie auch im Neuen Testament begegnen, stehen allesamt unter der Überschrift: „So viel an euch liegt, haltet mit allen Menschen Frieden!" (Römerbrief 12,18)

Der Kaisers neue Kleider

„Wenn ihr nicht wie Kinder werdet …“

Alle Stunden präsentierte sich der Kaiser in einer neuen Robe und genoss stolz die allseitige Bewunderung. Es hatte sich weit herumgesprochen, dass er keine größere Freude kannte, als sich aufs Eleganteste einzukleiden. So hatten es auch zwei schlaue Gauner erfahren, die sich mit der Schwäche des Kaisers ein starkes Geschäft ausrechneten. Sie ließen sich bei Hofe melden, um folgendes Angebot zu unterbreiten: Es sei ihnen gelungen, einen einzig kostbaren Stoff zu weben, hauchzart, leicht und fein, sodass man ihn kaum auf der Haut spüre. Die vortrefflichste Eigenschaft des Stoffes aber sei: Wer töricht oder seines Amtes unwürdig ist, für den sei der Stoff unsichtbar.

Der Kaiser war sofort dabei, sich auf den Handel einzulassen, weil er sich doppelten Nutzen versprach. Die Gauner verlangten eine Anzahlung. Der Kaiser zahlte gern. Nach einigen Tagen ließ er nachsehen, wie weit die Künstler schon gekommen seien. Da führten sie den Minister vor den leeren Webstuhl und lobten Farben und Qualität ihrer Arbeit. Aber weil der Minister beim besten Willen nichts sehen konnte, bekam er es mit der Angst zu tun, als Dummkopf oder Fehlbesetzung entlarvt zu werden. So beschloss er, sich nichts anmerken zu lassen, lobte eifrig den unsichtbaren Stoff und erstattete dem Kaiser günstigen Bericht.

Bald darauf baten die Gauner den Kaiser selbst um einen Termin. Sie müssten Maß nehmen. Sie schleppten auch einen schweren Stoffballen herbei, dessen leuchtende Farben sie in hellen Tönen priesen und dessen Zartheit sie den Kaiser fühlen ließen. Da der Kaiser aber weder etwas sah noch etwas fühlte, wurde auch ihm angst und bang, er könnte zum Gespött des Hofes werden. Seine Sorge war aber gänzlich unbegründet: Niemand wollte für töricht und fehl am Platze gelten. Inzwischen klapperten die Gauner mit ihren Scheren in der Luft herum, indem sie den Stoff zuschnitten. Ein bisschen peinlich war dem Kaiser nur, dass er sich entkleiden musste, als ihm das neue Gewand angelegt wurde. Er beruhigte sich jedoch schnell, weil niemand etwas zu bemerken schien, und äußerte volle Zufriedenheit über das neue Kleid.

Inzwischen meldete der Minister eine Menschenansammlung vor dem Palast. Das Volk möchte die Wunderrobe auch sehen. Der Kaiser musste sich erneut vorsagen, dass nur er es sei, der nichts als seine eigene Nacktheit sah. So willigte er ein, bestieg eine Kutsche und ließ sich durch die neugierige Menge fahren, aus der sich alsbald laute Ausrufe staunender Bewunderung erhoben. Natürlich wollte niemand als dumm oder seines Amtes unwürdig gelten.
Plötzlich ein Zwischenfall! Ein kleines Kind stürmte auf die Kutsche zu und rief: „Aber der Kaiser ist ja ganz nackt!“ „Unsinn!“, schalt der Vater und fing den Ausreißer wieder ein. „Was sagt das Kind?“, tuschelten da schon die Leute und „Das Kind hat ja Recht: der Kaiser ist ganz nackt.“ Der Kaiser hörte es auch. Sofort begriff er, dass er hereingelegt worden war. Aber er bewahrte Haltung, ließ sich nichts anmerken und die Kutsche feierlich weiterfahren. Ein Page musste die nicht vorhandene Schleppe halten, damit sie nicht beschmutzt würde. (nach Gebrüder Grimm)

Kritik an Gefallsucht begegnet in der Bibel oft. Auch Machthunger und Überheblichkeit werden dort streng getadelt. Das Märchen vom nackten Monarchen dagegen geht das Thema heiter an. Das ist seine Stärke. Hoffentlich verstehen die hohen Herren (und Damen) Spaß!
Die Propheten in Israel, wenn sie sich mit den Mächtigen anlegten, taten es meist weniger humorvoll. Amos verspottet einmal die vornehmen Damen der Residenzstadt Samaria als „schöne, runde Basankühe" und kritisiert, dass sie sich's auf Kosten der Armen gut gehen lassen (Amos 4,1).
Schon in ältester Zeit erzählte man in Israel eine grimmige Fabel, wie sich einst die Bäume einen König wählten: Ölbaum, Feigenbaum und Weinstock lehnten höflich ab; nur der Dornstrauch zierte sich nicht lang und nahm die Würde gerne an, um sich alsbald als arroganter Tyrann zu gebärden (Richterbuch 9,8-15).
Als sich Israel einen König wünschte wie die Nachbarvölker, warnte der Richter Samuel das Volk eindringlich vor königlichem Macht-

und Anspruchsgehabe. Samuel wollte entschieden daran festhalten, dass Gott allein die Königswürde gebühre (1. Samuelbuch 8,11-18). Er hätte gut auf die Fabel von den Bäumen zurückgreifen können, wenn er feststellt: „Ihr werdet bald alle des Königs Sklaven sein" (Vers 17).

Dass Könige ihre Völker unterdrücken, setzt auch Jesus wie selbstverständlich voraus, als er seinen Jüngern ans Herz legt: „So soll es nicht sein unter euch; sondern wer groß sein will unter euch, der sei euer Diener; und wer der Erste sein will unter euch, sei euer Knecht" (Matthäusevangelium 20,26-27). Unter Menschen, auch unter Christen, bilden sich stets schnell Rangordnungen heraus. Und die meisten wollen dabei lieber vorne und oben stehen oder sitzen, das weiß auch das Neue Testament. Desto entschiedener aber wird die Nächstenliebe ins Spiel gebracht: Macht soll Dienst sein. Wo Menschen um Geltung und Einfluss rangeln, setzt Paulus dagegen: „Einer komme dem anderen mit Ehrerbietung zuvor" (Römerbrief 12,10). „Einer achte den anderen höher als sich selbst; und ein jeder sehe nicht nur auf das Seine, sondern auch auf das, was des andern ist" (Philipperbrief 2,3-4). „Lasst uns nicht ehrsüchtige Eitelkeit pflegen, uns nicht voreinander aufspielen" (Galaterbrief 6,26).

Der Kaiser im Märchen macht sich durch seine grenzenlose Eitelkeit eben einfach lächerlich. Und was noch schlimmer ist: Er rechnet sich eine Chance aus, in gleichsam göttlicher Allwissenheit seine Untertanen wie Glasfiguren zu durchschauen. „Ein Mensch sieht, was vor Augen ist; der Herr allein sieht ins Herz", heißt es dazu im Richterbuch (16,9) und das ist eine bleibende Begrenzung der Allmachtsgelüste der Großen, die am liebsten auch über einen solchen Röntgenblick verfügen würden.

Ein Zufall ist es nicht, dass Jesus einmal ein Kind mitten unter seine Jünger rief, die sich gerade um Vorrang und Größe stritten (Matthäusevangelium 18,1-5). Nicht die Arglosigkeit und Offenherzigkeit, die wir Kindern gern bewundernd unterstellen, haben es Jesus angetan. In seiner Umwelt standen Kinder auf der untersten Sprosse der sozialen Leiter, mussten sich fügen und hatten nichts zu melden. „Wenn ihr nicht wie Kinder werdet", sagt Jesus und meint damit: Wenn ihr euch nicht freiwillig und bescheiden hinten anstellt, wenn ihr nicht euren Geltungshunger vergesst, dann wird euch Gott immer fremd und fern bleiben. Denkt daran, dass ihr alle viel mehr vom Geschenkten als vom selbst Geleisteten lebt, wie Kinder eben. Wer das vergisst, ist gefangen in einer Welt eitlen Scheins – wie der nackte Kaiser inmitten seines genasführten Volkes.

Der Rattenfänger von Hameln

„Wer sein Herz verhärtet, der gerät ins Unglück.“

Große Sitzung im Rat der Stadt Hameln. Eine Rattenplage brachte den Rat in arge Verlegenheit. „Wir brauchen mehr Katzen!" „Wir werden Gift auslegen!" „Wir müssen sie mit Knüppeln totschlagen." So berieten sie durcheinander. Da klopfte es an die Tür und herein trat ein schlanker junger Mann, der eine goldene Flöte in der Hand hielt. Sofort nahm er das Wort und bot seine andernorts bereits bewährten Dienste an. Für tausend Dukaten wolle er die Ratten fortschaffen. „Fünfzigtauend geben wir dir, wenn du uns von den Ratten befreist!", riefen sie. Und obwohl sie gehörige Zweifel an der Seriosität des Unbekannten hegten, besiegelten sie den Handel mit Handschlag.
Am folgenden Tag hörte man schon im Morgengrauen eine wundersame Flöte in den Straßen singen. Und aus allen Löchern drängten sich die Ratten hervor und folgten dem Fremden und seiner Melodie. Er aber führte sie hinaus zum Fluss, watete langsam ins Wasser hinein und wie verhext gingen die Tiere hinter ihm drein und ertranken.
Mittags saßen die Ratsherren schon wieder beisammen und lobten sich gegenseitig für ihre gute Idee. Da trat erneut der Fremde ein und verlangte seinen Lohn. Doch davon wollten die Herren auf einmal nichts mehr wissen. „Fünfzig Dukaten geben wir dir. Begnüg dich damit, sonst kriegst du gar nichts." Der Fremde sah sie zornig an: „Ihr habt nicht Wort gehalten. Ihr werdet es bereuen."
Am nächsten Tag war Sonntag, die Erwachsenen gingen zur Kirche, die Kinder blieben daheim. Da hörte man auf einmal wieder das wundersame Flötenlied in den Straßen und jetzt liefen die Kinder zusammen und drängten sich in hellen Scharen um den fremden Spieler. Der aber führte sie zur Stadt hinaus und durch einen Wald zu einem Berg, der sich auf geheimnisvolle Weise vor ihnen öffnete. Alle gingen hinter dem Flötenspieler hinein, dann schloss sich der Berg hinter ihnen.
Als die Eltern aus der Kirche zurückkamen, waren alle Kinder fort. Nur ein kleiner lahmer Junge war noch da, der nicht hatte folgen können. Er schilderte, was vorgefallen war. So wurde

Hameln eine Stadt der Trauer. Aber Generation um Generation erzählte man sich weiter, welch schrecklichen Preis die Stadt bezahlt hatte, weil die Ratsherren nicht Wort gehalten hatten. (nach Hans Christian Andersen)

Ist es zu weit hergeholt, wenn wir uns bei dieser traurigen Geschichte an Israels Auszug aus Ägypten erinnern? Auch da spielt ein immer wieder wortbrüchiger König eine verhängnisvolle Rolle. Er bringt Unglück auf Unglück über sein ägyptisches Volk. Schließlich reißt eine geheimnisvolle Epidemie Kinder von ihren Eltern fort, dass das ganze Land von lauten Klagen widerhallt. Und von einer schlimmen Katastrophe am Meer wird anschließend berichtet, weil der wetterwendische Pharao seine Streitwagen hinter den flüchtigen Israeliten her jagen ließ; die Verfolger ertranken im Meer. Durch alle Jahrhunderte haben die israelitischen Eltern diesen erschütternden Bericht an ihre Kinder weitergegeben. Sie gehörten zu den Geretteten, Befreiten, Erlösten und so sollte der Dank niemals aufhören; denn die Rettung verstand man allein als Gottes Tat, der sich durch einen wortbrüchigen Pharao nicht von seinem Befreiungsplan für sein Volk hatte abbringen lassen. Daran erinnerte man sich von Pesach zu Pesach, so erzählten die Alten.
„Ihr habt euer Wort nicht gehalten. Das werdet ihr bereuen", hatte der Rattenfänger zornig gedroht. Vielleicht ist das der ganze Sinn dieser Geschichte: zu warnen, ein gegebenes Versprechen nicht zu brechen.
Die Tugend der Verlässlichkeit gehört ganz allgemein auch zum Erfahrungsschatz Israels: „Das Ende des lügnerischen Menschen ist Schmach und seine Schande bleibt stets an ihm haften" (Sirach 20,26). „Wer falschen Herzens ist, findet kein Glück. Wer sein Herz verhärtet, gerät ins Unglück" (Sprüche 28,14 und 17,20). „Wer nach Bösem trachtet, den trifft es selbst" (Sprüche 11,27). „Die Treulosen richtet ihre Falschheit zugrunde" (Sprüche 11,3). „Wer eine Grube gräbt, fällt darein, und wer einen Stein wälzt, auf den rollt er zurück" (Sprüche 26,27). „Wer einen Stein empor wirft, auf den fällt er zurück; und ein hinterlistiger Hieb verwundet den, der ihn führt" (Sirach 27,25).

Aber auch die Aufrichtigkeit bleibt nicht ohne Folgen: „Jeder Vogel lässt sich gern bei seinesgleichen nieder; so kommt die Wahrheit zu denen zurück, die sie üben" (Sirach 27,9). „Gott lässt es den Aufrichtigen gelingen und beschirmt die Rechtschaffenen" (Sprüche 2,7).
So geht es fort bis in die Ermahnungen in den Briefen des Neuen Testamentes: „Die Liebe sei ohne Falsch. Hasset das Arge, hanget dem Guten an ... Lass dich nicht vom Bösen überwinden, sondern überwinde das Böse mit Gutem" (Römerbrief 12)

Hänsel und Gretel

*„Stricke des Todes hatten mich umfangen.
Ach, Gott, errette mich!“*

In einer Holzhackerfamilie herrschte große Not. Die Eltern beschlossen, ihre Kinder Hänsel und Gretel im Wald auszusetzen. Der erste Versuch misslang. Die Kinder fanden zurück. Beim zweiten Mal gingen die Eltern noch entschlossener vor. Nun waren die beiden Kinder wirklich im Wald verlassen und ganz auf sich gestellt. Drei Tage irrten sie umher. Da trafen sie auf einen weißen Vogel, der sie zu einem Häuslein führte, das aus Brot, Kuchen und Zucker war. Als sie sich hungrig daran machten, von dem Häuslein zu essen, fragte eine Stimme von drinnen, wer da an dem Haus knabbere. Übermütig antworteten sie: „Der Wind, der Wind, das himmlische Kind." Da erschien eine alte Frau in der Tür, die die Kinder freundlich ins Haus bat, sie bewirtete und beherbergte. Doch am nächsten Morgen stellte sich heraus, dass die Frau Schlimmes im Sinn hatte. Sie sperrte Hänsel in einen Stall, um ihn zu mästen und später zu fressen. Gretel musste schwere Hausarbeit tun. Nur durch eine List konnte Hänsel das Unheil zunächst hinauszögern. Doch dann verlor die Alte die Geduld. Gretel musste Wasser holen, in dem Hänsel gekocht werden sollte, und den Backofen schüren, in dem die Hexe Gretel braten wollte. Listig stellte sich Gretel, als wüsste sie sich nicht zu helfen. So gelang es ihr, die Hexe selber in den Ofen zu stoßen, wo sie elend verbrennen musste. Gleich befreite sie den Bruder und beladen mit Schätzen, die sie im Hexenhaus gefunden hatten, kehrten die Kinder zum Vater zurück. Die Stiefmutter war inzwischen gestorben. (nach Gebrüder Grimm)

Ich glaube, es lohnt sich, dieses Märchen mit der eindrucksvollen „Geschichte vom verlorenen Sohn" zu vergleichen, die Jesus erzählt hat (Lukasevangelium 15,11-32).
Nicht nur wegen des glücklichen Endes ist „Hänsel und Gretel" ein ermutigendes Märchen, trotz der schockierenden Einzelzüge der kunstreichen Erzählung. Da nimmt nicht einfach ein schlimmes Schicksal seinen Lauf, sondern Menschen nehmen ihr Unglück als Herausforderung an und können sich retten.

Eine zutiefst hoffnungsvolle Geschichte ist auch das Gleichnis von Jesus. Aber der Vergleich mit dem Märchen zeigt, dass es in Wahrheit eine Geschichte über den Vater ist. Um Verständnis für diesen Vater und sein Verhalten wirbt Jesus. Jesus hat sich dieses Verhalten zum Vorbild genommen, als er immer wieder die Nähe von Verlorenen und Verlierern suchte. Mit seiner Geschichte will er für sein eigenes Verhalten Zustimmung bei seinen Zuhörern wecken.
Die Kinder im Märchen werden von ihren Eltern verstoßen. Grausam und hinterhältig handeln diese Eltern. Aber das Märchen lässt sie gewähren. Sie sind Nebenfiguren, die hauptsächlich dazu da sind, die Kinder auf den Weg zu bringen. Die Kinder scheinen nicht einmal um sie zu trauern. Von diesen Kindern handelt das Märchen. Sie sind es, die ihr Glück machen, während sie schlimmes Unglück durchstehen müssen.
Ganz anders das Gleichnis, das Jesus erzählt. Als der Sohn in die weite Welt hinaus zieht, bleibt der Vater zurück; die Zuhörer ahnen vielleicht, dass er noch einmal gebraucht wird. Der Sohn im Gleichnis ergreift selbst die Initiative und drängt fort. Der Vater hält ihn nicht fest. Aber er lässt ihn auch nicht fallen. Wir spüren es, obwohl der Vater kein Wort spricht. Das beleidigte Verhalten des älteren Sohnes am Schluss des Gleichnisses zeigt, dass das Glück des Einverständnisses mit dem Vater offenbar nicht ohne den schmerzhaften Weg in die Fremde zu haben ist. Der Vater respektiert das, zahlt den jüngeren Sohn aus und lässt ihn ziehen. Ein wahrhaft väterlicher Vater.
An die äußerste Grenze eines – zwangsweise oder freiwillig – selbst bestimmten Lebens kommen sie dann alle. Für die Kinder scheint es keine Hoffnung mehr zu geben, als sie Gefangene der Hexe geworden sind. Und als der Sohn verzweifelt den Schweinen beim Fressen zusieht, scheint auch für ihn alles vorbei; er hat verloren, er ist am Ende. Dass es an diesem Tiefpunkt noch einmal eine Wende gibt, das macht den Hoffnungsglanz dieser Geschichten aus. Und ihren Trost; denn die Wende gäbe es nicht ohne den Tiefpunkt.
Das Hexenhaus zeigt zuerst seine Zuckerseite; heißhungrig und wie von Sinnen genießen die Kinder das süße Zeug; leichthin lassen sie die warnende Stimme in den Wind gesprochen sein. „Das kann

nicht gut gehen", denken wir auch unwillkürlich, als der Sohn in der Fremde sich ins süße Leben stürzt. Und prompt geschieht es: Hänsel kommt hinter Gitter, Gretel wird geschunden und der Sohn steht mutterseelenallein da, ausgesetzt, hinausgestoßen, abgebrannt. „Es musste so kommen", denken wir, empfinden Mitleid und hoffen doch.

Als sich für die Kinder die Lage so verdüstert, dass schon alles vorbei zu sein scheint, da packt Gretel zu, ergreift die Gelegenheit und befreit sich und den Bruder. Der Sohn im Gleichnis wird von Jesus auch nicht als passiv und willenlos geschildert. Aber seine einzige Hoffnung liegt in der Erinnerung an den Vater. Er muss gewiss den Heimweg selber gehen, muss seine Situation als erwachsener Mensch nüchtern und realistisch sehen lernen. Aber das alles würde doch zu nichts führen, wäre da nicht der Vater, der ihn längst erwartet. Nicht dass der Sohn einfach so tun könnte, als wäre nichts geschehen. Kind ist er nicht mehr, will er auch nicht mehr sein. Aber der Vater bleibt Vater. Er lässt den Sohn erwachsen sein.

Mag sein, dass manche in unbekümmerter Zuversicht denken, dass sie ihr Leben schon meistern – egal, was kommt. Die Kinder haben es ja auch geschafft. Der ältere Bruder im Gleichnis von Jesus hat vielleicht genau diesen Anspruch an den jüngeren: Er hat es so haben wollen; nun soll er auch dazu stehen und sehen, wie er zurecht kommt. Die Geschichte, wie Jesus sie erzählt, ist menschlicher und wahrhaftiger: Wir brauchen einander. Wir brauchen Entgegenkommen und verzeihende Güte. Wir schaffen es nicht allein. Das Leben wird uns nicht gelingen, wenn niemand auf uns wartet.

Die kleine Seejungfrau

„Frau, warum weinst du?“

Fünf wunderschöne Töchter hatte der Meereskönig, aber die jüngste war die allerschönste: Sirene. Singen konnte sie, dass die Muscheln aufgingen und ihre Perlen glänzen ließen. Sehnsüchtig blickte sie manchmal aus der Meerestiefe nach oben, wo die Sonnenstrahlen hereinleuchteten. Aber dorthin durfte sie erst an ihrem fünfzehnten Geburtstag. Endlich war es soweit. „Bedenke, dass du dich den Menschen nicht zeigen darfst. Das bringt nur Unglück", mahnte der Vater noch. Dann sah sie staunend den endlosen blauen Himmel, die untergehende Sonne und die Weite des Meeres. Dort lag ein Schiff vor Anker, von dem festlicher Lärm herüberdrang. „Hoch lebe unser Kapitän!", riefen welche. „Auf seine zwanzig Jahre!" Neugierig suchte die kleine Seejungfrau mit ihren Augen den Kapitän und als sie ihn endlich erkannte, lächelte er gerade und Sirene schien es, als lächle er nur für sie. Das Fest ging weiter, aber Sirene bemerkte, dass sich am Himmel ein Sturm zusammenbraute. Schon peitschte er hohe Wellen auf, die gegen das Schiff schlugen, dass der Mast brach und das Schiff kenterte. Sofort schwamm Sirene los, den Kapitän zu suchen. Sie fand ihn bewusstlos im Wasser, schloss ihn in die Arme und brachte ihn an Land. Um ihn zu wärmen, schmiegte sie sich an ihn.

Da kamen ein paar junge Frauen das Ufer entlanggelaufen. Sirene musste sich eilends verstecken, um nicht gesehen zu werden. Aber sie konnte beobachten, wie die Frauen den Mann fanden und Hilfe herbeiholten und wie er die Augen aufschlug, als man ihn zum nahen Schloss wegtrug. „Danke, dass ihr mich gerettet habt", murmelte er und lächelte die Jüngste der Frauen an. Da spürte Sirene einen heftigen Stich im Herzen. Sie eilte zur Meerhexe, um sich Rat zu holen. „Du möchtest also zwei Beine haben wie eine Frau", erriet die Hexe sofort; denn Sirene hatte natürlich einen Fischleib wie alle Seejungfrauen. „Du liebst einen Menschen," höhnte die Meerhexe. Einen Frauenleib könne sie wohl bekommen, aber sie werde Schmerzen haben und ihre Stimme verlieren und heiraten könne sie einen Menschen nicht und ein Zurück sei auch unmöglich. Die Seejungfrau fürchtete nichts von alledem. „Wenn ich nur bei ihm sein kann!“ Und im Nu stand sie am Strand vor dem Schloss des Prinzen; denn ein solcher war der Kapitän, wie Sirene jetzt wusste. Der Prinz fand sie dort und brachte sie ins Schloss und ließ sie mit aller Aufmerksamkeit versorgen. Aber als er sie nach ihrem Namen fragte, konnte sie nicht antworten. Inzwischen rüstete sich das Schloss für einen Ball, zu dem auch die junge Frau eingeladen war, die der Prinz für seine Lebensretterin nach dem Schiffsunglück hielt. Jetzt wusste Sirene, dass sie den Prinzen nicht für sich gewinnen konnte. Als ihr ihre Meerschwestern einen Dolch zuspielten, damit sie den Prinzen töte, brachte sie es nicht übers Herz und warf die Waffe ins Meer. Da kamen die Feen der Luft und nahmen sie mit sich. Sie sollte ihnen helfen, die bunten Blumen auf der Erde mit ihren Tränen zu netzen. (nach Hans Christian Andersen)

Eine unglückliche Liebe! Und wie so oft ist es die Frau, die das Unglück durchleidet. Sirene ist eine Fremde für den Mann, in den sie sich verliebt; sie kommt von ganz woanders her; sie haben nicht einmal eine Sprache miteinander. Das Meer und das Schloss – zwei Welten, ohne Brücke und Steg, einander fern, fremd und feindlich. Trotzdem wagt sie es. Sie schlägt alle Warnungen in den Wind, sie „glaubt alles, sie hofft alles, sie trägt alles, sie duldet alles" (1. Korintherbrief 13) und kann den Geliebten doch nicht für sich gewinnen. Wenn ich in diesem Zusammenhang an die Frauengestalten der Bibel denke, fällt mir unwillkürlich die namenlose Frau ein, die in das Haus Simons in Bethanien eintritt, um Jesus zu salben, während er dort zum Essen eingeladen ist (Matthäusevangelium 26,6-13). Frauen hatten bei solchen Gastmählern keinen Platz, höchstens durften sie servieren. Die Männer sind unter sich. Die Namenlose aber überschreitet mutig die Grenze. Sie spricht kein Wort, sie handelt, wie es ihr die Stimme ihres Herzens eingibt. Sie zerbricht eine Alabasterflasche mit Parfüm und gießt das kostbare Öl auf das Haupt von Jesus. Sie tut, was einst bei der Salbung eines Königs geschah. Sie ignoriert die entsetzten Blicke, die giftigen Kommentare, das kränkende Gehabe der verständnislosen Zuchauer. Sie tut, was ihr die Liebe erlaubt und befiehlt.

Wenn man die verschiedenen Fassungen vergleicht, in denen dieses einzigartige Geschehen im Neuen Testament überliefert wird, dann meint man noch etwas zu spüren von der Fassungslosigkeit, in die sich die Beobachter gestürzt sahen. Lukas (17,36-50) nimmt an, die Frau sei eine Prostituierte gewesen, die Vergebung durch Jesus erfahren habe. Auch sind es in dieser Version die Füße, denen die Liebestat gilt. Später hat man die Frau in eins gesehen mit Maria von Magdala, die man schon früh als eine Art ‚femme fatale' verkannte, während man sie doch mit viel mehr Recht eine bedeutende, eine große Frau nennen muss. Mutig ist sie ihrem Meister Jesus aus ihrer galiläischen Heimat bis nach Jerusalem gefolgt. Sie wagt es furchtlos, seine Hinrichtung aus der Ferne zu beobachten. Sie besucht sein Grab und hört, wie er sie fragt: „Frau, warum weinst du?" So erfährt sie als Erste, dass der Gekreuzigte nicht im Tod untergegangen ist, sondern lebt. Eine Frau, die für Jesus alles riskiert hat, in ihm die Erfüllung ihres Lebens gefunden hat und doch hinnehmen muss, dass der Auferstandene ihr verwehrt, ihn festzuhalten, ja, sich auch nur zu stärken, indem sie ihn berührt (Johannesevangelium 20).
Die Gleichsetzung der namenlosen Wohltäterin von Bethanien mit Maria Magdalena mag ein Missverständnis sein. Aber darin gehören beide Frauen nahe zusammen, dass Jesus sich mit aller Deutlichkeit vor sie stellt, sich ihre Liebe gefallen lässt und ihr Verhalten entschieden und furchtlos verteidigt. Er macht sich gleichsam selbst zur Brücke, die die getrennten Welten zusammenbringt, die Welt der Männer, die in der geschlossenen Gesellschaft (im „Schloss") ihrer Tabus sitzen, und die Welt jener liebenden Frauen, die durch Jesus den Mut zu sich selbst gefunden haben.

Frau Holle

„Warum geht es den Übeltätern so gut?
Sind die Rechtschaffenen die Betrogenen?“

Eine Witwe hatte zwei Töchter, davon war die eine schön und fleißig, die andere hässlich und faul. Die Mutter hatte aber die hässliche und faule, weil sie ihre ‚rechte' Tochter war, viel lieber und die andere musste alle Arbeit tun. Spinnen musste sie, bis ihr die Finger blutig waren. Als sie sie aber im Brunnen abwaschen wollte, passierte das Missgeschick, dass ihr die Spule in den Brunnen fiel. Die Stiefmutter schalt, sie solle die Spule wieder heraufholen. Da sprang das Mädchen in seiner Angst in den Brunnen, und als es wieder zu sich kam, fand es sich auf einer sonnigen Blumenwiese. Ein Backofen war da auch, der wollte geleert werden. Und ein Apfelbaum war zu ernten. Alles das tat das Mädchen ungesäumt. Dann kam es zu einem kleinen Haus, aus dem eine alte Frau nach ihm rief: „Was fürchtest du dich? Bleib bei mir!" Sie versprach, das Mädchen werde es gut haben, wenn es nur fleißig sein und vor allem das Bett kräftig aufschütteln wolle. „Dann schneit es in der Welt; ich bin nämlich die Frau Holle", sagte die Alte freundlich. Das Mädchen willigte ein und machte alle Arbeit, sodass die Alte sehr zufrieden war. Dafür ging es ihm nun gut; kein böses Worte wurde gesprochen. Nach einiger Zeit aber bekam das Mädchen Heimweh und bat: „Wenn es mir auch noch so gut geht, ich muss wieder hinauf zu den Meinigen." Die Frau Holle ließ den Wunsch gerne gelten und brachte das Mädchen selbst zu einem großen Tor. Das Tor ging auf und als das Mädchen gerade darunter stand, fiel ein gewaltiger Goldregen. „Das alles sollst du haben, weil du so fleißig gewesen bist", sagte die Frau Holle. Auch die Spule gab sie zurück. Und schon war das Mädchen daheim, wurde vom Hahn auf dem Brunnen gegrüßt und wegen des vielen Goldes von Mutter und Schwester gut aufgenommen.

Das Mädchen erzählte, wie es ihm ergangen war. Da dachte die Mutter, sie wolle der anderen hässlichen und faulen Tochter dasselbe Glück verschaffen. Alles geschah wie beim ersten Mal. Aber die Tochter kümmerte sich weder um den Backofen noch um den Apfelbaum. Den Dienst bei der Frau Holle nahm sie zwar an. Und weil sie an das viele Gold dachte, gab sie sich anfangs auch Mühe. Aber schon am zweiten Tag fing sie an zu trödeln und am dritten wollte sie morgens gar nicht aufstehen. Da sagte ihr die Frau Holle den Dienst auf. Die Faule war's zufrieden und meinte, jetzt würde der Goldregen kommen. Doch unterm Tor brach ein großer Kessel voll Pech über sie herein. „Das ist zur Belohnung für deine Dienste", sagte die Frau Holle und schloss das Tor zu. Als die Faule heimkam, grüßte wieder der Hahn: „Kikeriki, unsere schmutzige Jungfrau ist hie." Und das Pech blieb fest an ihr hängen, solange sie lebte. (nach Gebrüder Grimm)

„Soll es denn umsonst sein, dass ich mein Herz rein hielt und meine Hände in Unschuld wasche? Ich bin doch täglich geplagt und mein Unglück ist alle Morgen da" (Psalm 73,13-14). Die Klage dieses Beters steht in der Bibel nicht allein da. Im Gegenteil: Dass es ungerecht zugeht in der Welt, dass Übeltäter über Rechtschaffene triumphieren, das hat manche schier um den Glauben und Verstand gebracht: „Verbittert war ich und innerlich zerrissen, ich verstand nichts und war wie ein Tier vor dir", bekennt der Betende im gleichen Psalm. Das Märchen von Frau Holle stellt sich dieser Herausforderung auf bemerkenswerte Weise. Es ist eine Trostgeschichte und darin mit der großen Erzählung von Hiob verwandt.
Völlig unerwartet ist das Unglück über diesen frommen, aber auch reich gesegneten Mann hereingebrochen. Er verliert alles, seinen Besitz, seine Kinder, auch seine Gesundheit. Zunächst nimmt Hiob die Katastrophe als eine Schickung Gottes demütig hin. Doch dann wollen ihm gut meinende Freunde einreden, er habe sich sein Unglück wohl selber zuzuschreiben: er habe gefehlt, sich gegen Gottes Gebot vergangen und werde gewiss zu Recht bestraft. Da braust Hiob entrüstet auf: „Ich bin im Recht. An meiner Unbescholtenheit halte ich fest, mein Gewissen schmäht keinen meiner Tage." Er kehrt schließlich den Spieß um und fordert Gott selbst heraus, sich zu verantworten. Seit je werde er als Retter der Armen und Kranken und als Helfer der Entrechteten angerufen. Wenn einer hier zu beweisen habe, dass es mit rechten Dingen zugeht in der Welt, dann sei das Gott selbst. Sonst treffe ihn der Vorwurf nicht unverdient, dem Menschen wie ein böswilliger Feind zu erscheinen.

Hiob geht es anfangs wie der Goldmarie. Sie hat es nicht verdient, von der Stiefmutter so schäbig behandelt zu werden. Auch im Märchen ist der Skandal ohne jegliche Beschönigung benannt. Denn der Rechtschaffenen gegenüber steht die Pechmarie, die trotz ihrer Faulheit ein unverdient bequemes Leben hat. Das ist das Ärgernis. Bringen es letztlich die Schlechten nicht viel weiter als die Guten? Zunächst sieht es so aus, antwortet das Märchen. Aber das ist eben nur der oberflächliche, vordergründige Schein, der da zu sehen ist. Es kann nämlich geschehen, dass ein Mensch überhaupt aufhört, nach Recht und Verdienst zu fragen. Es kann geschehen, dass er das Gute um seiner selbst willen tut. Es kann geschehen, dass er sich selber treu ist, ohne daran irgendwelche Ansprüche zu knüpfen. Genau dann aber darf er erleben, dass das Gute zu ihm zurückkommt, dass er mit Segen überschüttet wird. „Tu das Gute und wirf es ins Meer! Sieht es der Fisch nicht, so sieht es der Herr." Das Sprichwort ruft auf zu einer absichtslosen Hingabe, wie Goldmarie sie bei der Frau Holle lebt. Im Glück eines gelungenen und erfolgreichen Lebens eine verdiente Anerkennung durch Gott zu sehen, ist zu kurz geschlossen, sagt das Märchen. Aber wo jemand das Rechte tut, ohne daraus einen Anspruch abzuleiten, werde der Segen nicht ausbleiben.
Wir erinnern uns an den Glückwunsch, den Jesus denen sagt, die leben wie die Goldmarie bei der Frau Holle: „Selig sind, die reines Herzens sind; denn sie werden Gott schauen" (Matthäusevangelium 5,8).
Den Brunnen, in den sich die Goldmarie stürzen muss, könnte man als Todessymbol deuten. Das würde den Schluss nahe legen, dass ein Ausgleich für das Leiden im Diesseits erst in einem besseren Jenseits geschehen werde. Aber nun erzählt das Märchen doch bedeutungsvoll, dass Goldmarie bei der Frau Holle Heimweh gespürt habe. Diese sei auch sofort darauf eingegangen und habe sie zurückgeschickt in ihre frühere Umgebung. Wäre es nicht wirklich traurig und unerträglich, wenn für einen Menschen, der ohne alle Hintergedanken Güte und Treue lebt, in dieser Welt kein Platz wäre? Auf ein tieferes Verständnis ihres Tuns kann Goldmarie freilich auch jetzt nicht rechnen, räumt das Märchen allerdings ein. Mutter und

Schwester sehen nur das Gold. Doch die Goldmarie wird sich dadurch nicht anfechten lassen. Sie bleibt die Gesegnete.
Letztlich ist es der Trost dieses Märchens, sich durch schlechte Erfahrung nicht beirren zu lassen. Segen lässt sich gewiss nicht einfordern, aber er wird nicht ausbleiben.
Hätte sich Hiob mit diesem Trost zufrieden gegeben? Wäre er dadurch ausgesöhnt worden mit seinem Gott, der ihm so lange wie ein stummes Rätsel erschien, durch den er sich genarrt und beleidigt fühlte? Der Ausgang des Hiobbuches weckt eine verhaltene Hoffnung. Denn dort wird erzählt, Gott habe sich schließlich auf Hiobs Klage eingelassen. Viel Geduld war Hiob bis dahin abverlangt worden. Doch dann bricht Gott sein Schweigen und stellt Hiob die Gegenfrage: „Willst du mich wirklich ins Unrecht setzen, damit du recht behältst" (Hiob 40,8). Willst du tatsächlich darauf bestehen, dass Treue und Güte sinnlos sind? Bleibst du dabei, mir einen Weltlauf zu unterstellen, der widersinnig ist? Und nun beschreibt Gott in großen, gewaltigen Bildern die Ordnung und das Gleichgewicht in seiner Schöpfung, in der alles seinen Ort und seine Zeit habe und nichts ohne Bestimmung geschehe. Ohne Hiobs Leidensgeschichte direkt aufzuklären, ohne ihm persönlich die Rätsel seines unglücklichen Geschicks zu entwirren, lädt Gott ihn ein zu neuem Vertrauen. Er darf sich geborgen wissen. Auch wenn er die Ordnung nicht zu durchschauen vermag, soll er nicht daran zweifeln, dass Gott diese Ordnung ‚im Griff' hat.
Hiob hat das Angebot angenommen, so wird erzählt. Und Gott hat ihm alles Weggenommene siebenfach zurückgegeben. Mit diesem Schluss nimmt die Hioberzählung selbst eine märchenhafte Wendung.
Auch in neutestamentlicher Zeit haben Menschen daran Anstoß genommen, dass ihre Hoffnung auf Gott, der dem Unrecht in der Welt ein Ende machen werde, trügerisch zu sein schien. Der Hebräerbrief ruft sie auf, Geduld zu haben. „Wir wollen nicht zu denen gehören, die enttäuscht aufgeben, sondern zu denen, die den Glauben festhalten und das Leben gewinnen", sagt er. „Werft das Vertrauen nicht weg ... Was nötig ist, ist ein langer Atem" (Hebräerbrief 10,35-39).

Brüderchen und Schwesterchen

„Gott und unsere Herzen, die weinen zusammen.“

Wieder ist es eine Stiefmutter, die Kindern das Leben so schwer macht, dass sie gemeinsam von Zuhause weggehen. Aber die Stiefmutter war eine Hexe. Sie wusste die Quellen zu verzaubern, und als das Brüderchen doch davon trank, wurde es in ein Reh verwandelt. So teilte das Schwesterchen nun sein Leben mit dem Rehlein. Das ging so lange, bis der König auf der Jagd durch den Wald streifte und auf das Rehlein aufmerksam wurde. Er folgte ihm und fand so das Schwesterchen. Dieses verschloss sich dem Werben der Königs nicht, der es zu seiner Frau machen wollte. Aber es bedingte sich aus, das Rehlein mit aufs Schloss zu nehmen.
Die Stiefmutter hatte aber noch eine weitere, eine leibliche Tochter. Hässlich war diese zwar, aber sie meinte doch, dass eigentlich sie des Königs Frau sein müsste. Listig schlich sich die Stiefmutter im Schloss ein und tötete die Königin, gerade als diese ein Söhnlein geboren hatte. Die Stiefmutter wusste es auch so einzurichten, dass abends im Schlafgemach der Königin nun ihre hässliche, einäugige Tochter den Platz beim König einnahm. Der bemerkte in der Dunkelheit den Betrug nicht. Zu später Nachtzeit aber kam die tote rechtmäßige Königin zurück, um ihr Kind bei der Amme zu besuchen. Davon erfuhr der König. Als seine Frau in der dritten Nacht wiederkehrte, überraschte und erkannte er sie. Im gleichen Augenblick erhielt sie das Leben zurück. Der Betrug wurde aufgedeckt und die betrügerischen Frauen wurden verurteilt. Auch das Rehlein bekam seine menschliche Gestalt zurück und die Geschwister lebten glücklich zusammen bis an ihr Ende. (nach Gebrüder Grimm)

Dieses tiefsinnige Märchen erzählt von der Gefährdung der Jugend und von einer Ehe, die beinahe gescheitert wäre. Obwohl es gerade in der hebräischen Bibel viele Ehegeschichten gibt, die mit schweren Konflikten belastet sind, ist doch kaum eine darunter, die diesem Märchen gleicht. Immerhin: Von Ferne mag man denken an Hanna, die Lieblingsfrau Elkanas, die schwer gedemütigt wird von der zweiten Frau ihres Mannes, Pennina, weil jene kinderlos ist, während diese ihrem Mann Kinder geboren hatte. Hanna hat den brennenden

Spott der anderen so erlebt, dass ihr keine Luft zum Atmen blieb, wie die Königin im Märchen von der hexenhaften Stiefmutter im Bade mit Feuerflammen erstickt wird. Doch Elkana steht treu zu Hanna: „Bin ich dir nicht mehr wert als zehn Söhne?", tröstet er sie. Und schließlich erfüllt Gott ihr ja doch noch ihren Herzenswunsch; sie wird die Mutter Samuels, des späteren Richters (1. Samuelbuch 1).

Ganz anders die Geschichte Jakobs, der von seinem Onkel Laban betrogen wird (1. Mosebuch 29,15-30). Jakob hat durch siebenjährige Arbeit bei den Herden Labans den Brautpreis für dessen Tochter Rahel verdient, deren schöne Gestalt es ihm angetan hat, seit er sie zum ersten Mal sah. Doch in der Hochzeitsnacht täuscht ihn der Schwiegervater, indem er ihm die ältere Lea unterschiebt, von der es heißt, dass ihre Augen matt waren. Jakob ist schwer gekränkt und lässt sich nur dadurch besänftigen, dass ihm Laban auch die Ehe mit Rahel gestattet. Freilich muss er nun ein zweites Mal sieben Jahre bei Laban dienen, um auch den zweiten Brautpreis abzuarbeiten.

Diese Geschichten erinnern an das Märchen allenfalls dadurch, dass auch in ihnen Ehemänner eine Rolle spielen, deren Liebe sich trotz widriger Umstände bewährt. Weil das zu keiner Zeit selbstverständlich war und ist, kann man ihren Frauen gratulieren.

Im Märchen heißt es zu Beginn, als die Geschwister aus ihrem unglücklichen Leben bei der Stiefmutter weggelaufen sind: „Gott und unsere Herzen, die weinen zusammen." Der Satz ist im Märchen nur eine Randbemerkung. Und doch birgt er eine tiefe, tröstliche Wahrheit. Denn grämen wir uns nicht oft, dass Gott teilnahmslos zusehe, wenn uns Leid und Not quälen? Aus den Geschwistern spricht ein anderer Glaube. Nicht als Zuschauer wird da Gott erlebt, sondern als ein liebender, väterlicher und mütterlicher Freund, dem der Kummer seiner Kinder ans Herz greift. So hat auch Jesus von Gott gesprochen, etwa wenn er ihn mit einem Hirten vergleicht, den die Angsteinsamkeit eines verlaufenen Schäfchens nicht zur Ruhe kommen lässt.

Rotkäppchen

„Ihr seid nicht Gottes Sklaven, sondern seine Kinder."

Das kleine, süße Mädchen, hatte jeder lieb, am meisten die Großmutter. Von ihr hatte es auch die rote Mütze, die es am liebsten gar nicht mehr ablegte. Auch als die Mutter das Kind zur Großmutter ins Waldhäuschen schickte, trug es sein rotes Käppchen. Kuchen und Wein sollte es der Großmutter bringen. „Geh ordentlich und lauf nicht vom Weg ab!", mahnte die Mutter und Rotkäppchen versprach, „recht gehorsam zu sein". Aber dann kam der böse Wolf. Zuerst horchte er das Mädchen aus, das ihm arglos alles über die Großmutter erzählte. Dann stiftete er es an, doch seitab noch einen Blumenstrauß zu pflücken. Während das Mädchen hinter den Blumen herlief, eilte der Wolf zur Großmutter, um sie zu verschlingen und sich an ihrer Stelle in ihr Bett zu legen. Sogar Großmutters Kleider hatte er angezogen, als er Rotkäppchen erwartete. Sie hatte er sich nämlich als Nachspeise vorgenommen. Als das Mädchen schließlich im Haus der Großmutter ankam, fraß er es auf. Und müde legte er sich zum Verdauungsschlaf wieder ins Bett. Da hörte ihn zufällig ein Jäger schnarchen. Er überraschte den Wolf, schnitt ihm den Leib auf und befreite sowohl das Mädchen als auch die Großmutter. Schnell holte Rotkäppchen große Steine, die der Jäger dem Wolf in den Leib einnähte. Als der schließlich erwachte und sich trollen wollte, stürzte er sich zu Tode. Rotkäppchen aber gedachte bei sich: „Du willst dein Lebtag nicht wieder vom Weg ab laufen, wenn dir's die Mutter verboten hat." (nach Gebrüder Grimm)

Eine strenge Moral ist es, die wir aus dem Märchen lernen sollen: Ungehorsam ist lebensgefährlich. Für Rotkäppchen geht es noch einmal gut aus. Aber wenn kein hilfreicher Jäger zufällig daher kommt? Geschichten wie die vom arglosen Rotkäppchen gehörten einst so selbstverständlich zur Pädagogik wie die Wölfe zu den Wäldern. Auch die Bibel kennt viele solche Zeigefinger-Stories. Die gröbste handelt von einem gewissen Ananias in Jerusalem, als die junge Jesusgemeinde dort „ein Herz und eine Seele" war und auch „alle ihre Güter gemeinsam hatte". Ananias tut sich als großzügiger Spender besonders hervor. Er verkauft einen Acker, um den Erlös in die Gemeindekasse einzubringen. Aber leider ist er nicht ganz ehrlich. Er hat nämlich einen Teil des Geldes heimlich beiseite geschafft. Petrus, der Apostel und Gemeindevorsteher, überführt den Heuchler streng, der prompt tot umfällt. Doch damit nicht genug! Ein paar Stunden danach kommt Ananias' Frau, die vom Tod ihres Mannes noch nichts weiß. Auch sie wird ins Verhör genommen, auch sie lügt und auch sie muss die Lüge mit alsbaldigem Tod büßen. „Und ein tiefes Erschrecken kam über die ganze Gemeinde und über alle, die davon erfuhren", schließt Lukas (Apostelgeschichte 5,1-11) die Schauergeschichte. „Lügen haben kurze Beine!"

Wahrscheinlich hat jemand einst diese Geschichte in eine Predigt eingebaut, um die Gemeinde Mores zu lehren. So erfuhr Lukas davon. Ihm ist vielleicht eingefallen, dass sich rund tausend Jahre zuvor schon einmal etwas Ähnliches ereignet hatte, als sich ein gewisser Achan nach der Eroberung von Jericho persönlich bereicherte. Damals vollzog alsbald der Richter Josua das Gottesgericht nicht nur an dem Täter, der übrigens geständig war, sondern gleich an dessen ganzer Verwandtschaft (Josua 7). Fürchterlich! Der König Saul hat später in ähnlichen Umständen ebenfalls schlimme Konsequenzen tragen müssen.

Erziehung durch Einschüchterung und Abschreckung war das Rezept, dem alle diese Geschichten folgen. Wahrscheinlich ging die Rechnung oftmals auf. Aber der Preis war hoch. Zu hoch. Bis heute quälen sich Menschen damit herum, dass Gott ihnen als Angstmacher, als böser Wolf, eingeprägt worden ist. Und bis heute atmen Menschen erleichtert auf, wenn sie erfahren, wie anders Jesus von Gott gesprochen hat. Nicht, dass ihm nicht auch an Aufrichtigkeit und einem wachen Gewissen gelegen wäre. Aber nicht Angst und Schrecken, sondern liebevolles Zutrauen soll die Menschen auf den rechten Weg bringen. „Ihr müsst euch nicht vor Gott fürchten", so hat Paulus Jesus verstanden; „Gott hat euch seinen Geist gegeben; ihr seid nicht seine Sklaven, sondern seine Kinder. Wie Jesus dürfen wir ihn anreden mit ‚Abba! Das heißt: lieber Vater!'" (Römerbrief 8,15)

Das Märchen mag harmlos sein. Es geht ja auch gut aus. Die genannten biblischen Geschichten sind es viel weniger. Sie taugen nicht einmal als Predigtbeispiele.

Daumesdick

„Nichts in der Welt kann uns jemals von Gottes Liebe trennen."

Ein Bauer und seine Frau wünschten sich sehnlich ein Kind. „Wenn's auch ganz klein wäre, nur daumengroß, so wollten wir schon zufrieden sein. Wir hätten es gewiss von Herzen lieb", sprachen sie. Nun geschah es, dass die Frau nach sieben Monaten ein Kind gebar. Das war zwar an allen Gliedern vollkommen, aber nicht größer als ein Daumen. Darum gaben sie ihm den Namen Daumesdick. Sie freuten sich sehr und ließen es dem Kind an nichts fehlen, aber es wuchs nicht und wurde nicht größer, obwohl es verständig war und klug und flink; was es anfing, das glückte ihm.

Einmal war der Bauer im Wald, um Holz zu machen. Da brachte ihm der Kleine das Fuhrwerk hinaus, indem er sich ins Ohr des Pferdes setzte und ihm zurief, wie es gehen sollte. Zwei Kerle hatten das Pferd laufen sehen, aber niemanden, der es lenkte. Das kam ihnen seltsam vor. Sie liefen hinterher und langten mit dem Fuhrwerk beim Bauern an, der den Daumesdick herunterhob und ins Gras setzte. Sofort überlegten sie, dass sie mit dem kleinen Mann auf Jahrmärkten gute Geschäfte machen könnten. Der Vater wollte ihn aber nicht verkaufen. Doch Daumesdick flüsterte ihm zu, er solle den Handel ruhig machen, er werde schon wieder zurückkommen. So ließ sich Daumesdick auf den Hutrand des einen der Männer setzen und gemeinsam zogen sie fort. Unterwegs aber wollte er dringend herunter, es sei nötig, drängelte er. Doch kaum war er am Boden, verkroch er sich in einem Mauseloch. Die zwei Männer schimpften und tobten, es half aber nichts.

Als die Männer verschwunden waren, kroch Daumesdick aus seinem Versteck. Da kamen wieder zwei Männer, die gerade überlegten, wie sie das Silberbesteck aus der Kammer des Pfarrers stehlen könnten. Daumesdick mischte sich ein und erbot sich, ihnen zu helfen. Er könne ja leicht zwischen den Gitterstäben durchschlüpfen. Doch als er dann tatsächlich im Pfarrhaus war, schrie er aus Leibeskräften: „Wollt ihr alles haben, was hier ist?" Da erwachte die Köchin und die Räuber flohen. Auch Daumesdick macht sich davon. Er legte sich in des Pfarrers Scheune ins Heu.

Am Morgen aber, als er noch schlief, verfütterte die Magd das Heu der Kuh. Daumesdick erwachte zu spät und landete im Magen der Kuh. Finster war es dort und eng. Drum rief er laut: „Bringt mir kein frisches Futter mehr!“ Er rief immer wieder aus Leibeskräften. Die Magd hörte es und erschrak. Sie holte den Pfarrer: „Ach Gott, Herr Pfarrer, die Kuh hat geredet.“ Der Pfarrer überzeugte sich selbst. Er meinte, ein böser Geist sei in die Kuh gefahren, und ließ das Tier schlachten. Der Magen aber wurde auf den Mist geworfen. Doch bevor sich Daumesdick befreien konnte, kam schon ein neues Unglück. Ein hungriger Wolf lief her und verschlang den Magen.
Daumesdick aber verlor den Mut nicht. „Vielleicht lässt der Wolf mit sich reden“, dachte er und gleich fing er an, dem Wolf einen Ort zu beschreiben, wo es Kuchen, Speck und Wurst gebe. Er beschrieb dem Wolf aber genau seines Vaters Haus. Dort machte Daumesdick dann einen solchen Lärm, dass die Eltern aufwachten, den Wolf tot schlugen und ihr Kind befreiten. Jetzt erzählte Daumesdick, was er erlebt hatte, und die glücklichen Eltern gaben ihm zu essen und ließen ihm neue Kleider machen; denn die seinigen waren inzwischen arg mitgenommen. (nach Gebrüder Grimm)

Wieder eine Geschichte von einem Kleinen. Aber dieses Mal geht es anders als sonst. Nicht verkannt und verlacht wird der Kleine, sondern geliebt. Er ist ja auch das einzige Kind seiner Eltern. Diese Liebe muss ihn wohl so mutig und zuversichtlich haben werden lassen, dass er sich vor nichts und niemand fürchtet.
Gerade so ist es auch Paulus ergangen, der sich ja auch einmal eine Missgeburt nennt (1. Korintherbrief 15,8-9). „Gott ist auf unserer Seite, wer kann uns da noch etwas anhaben?“, schreibt er nach Rom (Römerbrief 8,31). Wenn Paulus aufzählt, was er alles ausgestanden hat in Ausübung seines Apostelberufes, dann kann er leicht mit der Liste von Daumesdicks Unglücksstationen mithalten. Von seinen Kritikern in Korinth hat sich der Apostel einmal provozieren lassen, alles aufzuschreiben, wovon er eigentlich lieber schweigen wollte: Mehrfach hat er im Gefängnis gesessen, wurde aus-

gepeitscht und halb totgeschlagen; fünfmal hat er die jüdische Höchststrafe erhalten, nämlich neununddreißig Geißelhiebe; dreimal bekam er Stockhiebe, einmal wurde er gesteinigt. Dreimal hat er Schiffbruch erlitten und Nacht und Tag in den Wellen zugebracht. Dann die unsäglichen Gefahren auf seinen Reisen, in der Fremde, in unbekannten Städten, auf einsamen Wegen durch Räuber. Keine Strapaze blieb ihm erspart: Schlaflosigkeit, Hunger, Durst, Entbehrungen, Kälte und Mangel an Kleidung ... (2. Korintherbrief 11,23-27).

Im Brief nach Rom zitiert Paulus einen Psalm (44,23), um deutlich zu machen, wie er dran ist: „Weil wir uns zu Gott halten, sind wir ständig in Todesgefahr. Man betrachtet uns wie Schafe, die man bedenkenlos abschlachten kann." Und trotz alledem fährt er geradezu triumphierend fort: „Wer will uns scheiden von Christus und seiner Liebe zu uns? Bedrängnis oder Angst? Verfolgung? Hunger und Entbehrung, Gefahr oder Tod? Nein, mitten in all dem haben wir die Kraft zu überwinden von dem, der uns so sehr geliebt hat." Und noch einmal setzt er an, um geradezu hymnisch fortzufahren: „Ich bin gewiss, dass uns nichts von dieser Liebe trennen kann, weder Tod noch Leben, weder Zufall noch Schicksal, weder das Unheil von heute noch Gefahren von morgen, weder Kräfte in den Sternen noch Gewalten aus der Tiefe oder irgendeine andere Macht – es gibt in der ganzen Welt nichts, was uns jemals von Gottes Liebe trennen kann" (Römerbrief 8,35-39, Übersetzung nach Jörg Zink).

Man muss sich Paulus wohl als einen Mann mit eher schwacher Konstitution vorstellen. Die felsenfeste Gewissheit aber, von Gott geliebt zu sein, hat ihn über sich hinauswachsen lassen. Sie gibt ihm einen geradezu verwegenen Mut, lässt ihm Kräfte und Zähigkeit zukommen, wie es nur die Liebe vermag.

Von Kindern wissen wir, dass Eltern ihnen nichts Kostbareres ins Leben mitgeben können als Vertrauen, ein tief gegründetes Vertrauen, das letztlich darin wurzelt, von Gott gewollt und bejaht und geliebt zu sein. Weil das so ist, darum ist es unendlich traurig, dass vielen Menschen in ihrer Kindheit ein Bild von Gott eingeprägt worden ist, das Gott zur Quelle von Ängsten und Düsternis hat werden lassen. Wo sollen diese Menschen die Zuversicht hernehmen, wenn

sie sich klein und schwach erleben wie Daumesdick? In einer Welt voller Geschäftemacher, Diebe und Wölfe!
Umgekehrt zeigt das Beispiel des Paulus, der ja wohl auch so eine einschüchternde Erziehung erlebt haben dürfte, dass das Bewusstsein, geliebt zu werden, sogar einen erwachsenen Menschen heilen kann. „Wir preisen Gott", schreibt er in anderem Zusammenhang, „auch wenn wir bedrängt sind. Denn Bedrängnis lehrt uns, geduldig zu sein. In der Geduld aber finden wir Bewährung, Bewährung wiederum stärkt die Hoffnung. Hoffnung aber enttäuscht nicht. Denn die Liebe Gottes ist ausgegossen in unsere Herzen" (Römerbrief 5,3-5, Übersetzung nach Jörg Zink).

Mit dem Märchenbuch auf die Kanzel?

„Es gibt nichts, was ich besser wüsste als ihr“, soll ein Rabbiner gesagt haben, als er seiner Gemeinde die Predigt ersparte. Er sah die Aufgabe wohl darin, mit seiner Predigt etwas zu erklären, zu verdeutlichen, einleuchtend zu machen. Andere denken sich einen Prediger mehr als eine Art Propagandisten, der eine Botschaft bekannt machen soll. Mag sein, dass Predigten auch interessant sein können, weil man da etwas Neues erfährt und dadurch vielleicht erst recht neugierig wird, was noch geschehen könnte – mit mir und mit uns und mit unserer Welt. Ich selbst stelle mir das Predigen am liebsten vor, wie ich es in einer ausgedörrten Steppenlandschaft erlebt habe, als der Regen kam: Im Nu fingen Land und Menschen zu leben an und alles war wie verzaubert. Der Regen tat sichtbar wohl; alles lebte auf. Wenn eine Predigt solch ein Regen sein könnte! Mit Besserwissen hat das nichts zu tun. Es hat überhaupt wenig mit Wissen zu tun. Der Kopf ist da nur zufällig beteiligt, weil eben der Weg zum Herzen über die Ohren und das Gehirn führt. Im Herzen aber ereignet sich das Neue und erst dann auch im Kopf.

So ähnlich wie es einem als Predigthörerin oder Predigthörer geschehen kann, so ähnlich haben es viele auch erlebt, wenn sie Märchen lesen oder noch besser, wenn sie ein Märchen erzählt bekommen. Es tut einfach gut, mitzuerleben, „dass sich das Leid wendet, und zwar für immer“, wie Ernst Bloch von den Märchen gesagt hat. Soll man also in den Kirchen Märchen erzählen? Nein, so nicht. Aber wenn ich dorthin gehe, dann hätte ich gern, dass es mir auch so geht wie Gerda und Kay in Andersens Geschichte von der „Schneekönigin“ oder eben wie den Menschen, die einst Jesus haben reden hören, zum Beispiel auf dem Berg, von dem bei Matthäus in Kapitel 5 die Rede ist. Ich möchte also in der Kirche erleben, was jener Matthäus am Ende dieser „Bergpredigt“ von den damaligen Zuhörern sagt: Sie seien tief bewegt, ja, erschüttert gewesen; „denn er lehrte mit Vollmacht und nicht wie die Schriftgelehrten“; das will doch wohl heißen, er sprach so, als rühre einem der Leben schaf-

fende Gott selbst ans Herz, sodass die Menschen eine neue Lebenszuversicht in sich spürten. Wie beim Regen, der die Wüste belebt.
Das Neue, das den Menschen begegnete, wenn sie Jesus erlebten, waren zuerst gewiss seine „Zeichen und Wunder", auf die die Menschen mit Erstaunen reagierten. „Wie ist das möglich? Wie kommt er dazu? Darf er das?" – einen Kranken aufrichten, einem Unrechttäter verzeihen, mit Leuten speisen, die manch ein Wohlangesehener kaum eines Blickes gewürdigt hätte. Wenn Jesus dann das Wort nahm, suchte er sich zu rechtfertigen. Genauer gesagt: Er warb bei seinen Zuhörern um Verständnis für sein Verhalten, wollte sie auf seine Seite ziehen, sie für seinen Gottesglauben begeistern. Er tat es, indem er kleine Geschichten erzählte, Gleichnisse. Einige von ihnen sind unseren Märchen auch darin recht ähnlich, dass von Gott anscheinend gar nicht die Rede ist. Als Erzähler also wollte Jesus die Menschen gewinnen. Sie sollten ihm Recht geben und sich mit ihm freuen. Warum? Weil Gott selber sich freut, wenn sich Schlimmes zum Guten wendet, sagt Jesus. Ja, an der Freude Gottes sollten die Menschen teilnehmen.
Es gibt eine Geschichte von einem frommen Rabbi, der vor mehr als 200 Jahren in Polen lebte. Von ihm wird gesagt, er habe so gesprochen, dass er selbst dabei zu tanzen anfing und dass seine Zuhörer langsam mittaten, bis schließlich die ganze Gemeinde glücklich durch die Synagoge wogte. Ich stelle mir vor, dass es Jesus gefreut hätte, wenn ihm dergleichen auch gelungen wäre. Leider wird berichtet, wie er traurig zur Kenntnis nehmen musste, dass viele seiner Jerusalemer Mitmenschen und vor allem deren Wortführer sich kaum oder gar nicht bewegen ließen.
Aber zurück zu dem Rabbiner, der nicht predigen wollte, weil er (offenbar mit aufrichtiger Hochachtung) von seiner Gemeinde sagte, dass er nichts besser wüsste als sie. Vielleicht hatte er einen Augenblick vergessen, wie gut es einem Menschen tun kann, wenn er Bekanntes wieder hört, neu hört, noch einmal hört. Vielleicht nach Jahren wieder, wie es Erwachsenen gehen mag, die den Märchen ihrer Kinderzeit wieder begegnen.

Eine Predigt in einem heutigen Gottesdienst – egal ob sie in einer Synagoge oder einer Kirche stattfindet – wird vermutlich kaum die Chance haben, die Zuhörerinnen und Zuhörer zu bessern oder auch nur zu belehren. Eine Kirche ist kein Schulzimmer, kein Hörsaal, auch kein Operationsraum und natürlich erst recht kein Gerichtssaal. Höchstens ausnahmsweise wird eine Predigt eine pädagogische Unternehmung sein. Die Menschen, die sich um eine Kanzel sammeln, verstehen sich nicht als lernbegierige Schülerinnen und Schüler. Sie fühlen sich wohl eher als „Mühselige und Beladene" und sie sind gekommen, weil Jesus genau solche Leute ausdrücklich eingeladen hat. Wenn ihnen dann jemand von diesem Jesus und seinem Evangelium spricht, dann hoffen sie, dass sie dadurch „Erquickung" erfahren, also Trost und Ermutigung, Stärkung und inneren Frieden. So hat es Jesus ja versprochen, wie man bei Matthäus in Kapitel 11,28 nachlesen kann. Nicht mit neuen Forderungen belastet das Evangelium die ohnedies oft schon Überforderten. Sondern Entlastung, Geborgenheit, Verständnis und Ruhe finden sie. Später vielleicht fragen die Entlasteten und Erquickten, wo sie auch selbst etwas tun können zur Entlastung und Erquickung anderer – und werden dann von Jesus daran erinnert, dass sie sich einander und anderen liebevoll und hilfsbereit zuwenden können. Ganz sicher, das auch. Aber erst in zweiter Linie.
Einer, der einst hochberühmt war für seine unermüdliche Predigtlust und sein unüberbietbares Vertrauen in die Wirkkraft des Predigtwortes, Martin Luther nämlich, konnte sich doch fast wehmütig auch so äußern: „Wenn man vom Artikel der Rechtfertigung predigt, so schläft das Volk und hustet; wenn man aber anfängt Historien und Exempel zu sagen, da reckt's beide Ohren auf, ist still und hört fleißig zu." Darf man daraus folgern, dass es hilfreich wäre, mehr zu erzählen als zu erklären? Denn schade wäre es doch, wenn die Menschen gerade dann gelangweilt weghörten, wenn genau von dem die Rede ist, was „unser einziger Trost im Leben und im Sterben ist": dass die Letzten die Ersten sein werden und die Aschenputtel zu beglückwünschen sind, kurz, dass es genau die sind, von denen viele Märchen er-

zählen, denen Jesus seine Gratulation zuruft: „Selig seid ihr Armen und Benachteiligten, Übervorteilten und Gedemütigten, ihr Trauernden und Bedauerten!"
Von der Predigt sagte Paulus, dass durch sie der Glaube entstehe, also ein kräftiges und gelassenes Vertrauen in die Güte Gottes. Paulus wusste, wovon er sprach, hat er sich doch schriftlich wie mündlich erfolgreich als argumentativer Prediger betätigt. Nehmen wir also an, jemand trägt eine Predigt vor über die Worte des Paulus, in denen er über die unerhörte Leichtigkeit des Umgangs mit Geld und Gut, sogar mit Partnerwahl und Heirat, spricht, die er den Korinthern in seinem ersten Brief in Kapitel 7 empfiehlt: „Ich möchte, dass ihr ohne Sorge seid", sagt Paulus, dass ihr angstfrei und gelassen leben könnt, indem ihr euer Glück nicht aus dem Haben und Erwerben und Festhalten bezieht, sondern aus dem Geliebtsein und Bejahtwerden. Um nun diesen Gedanken nicht nur zu dozieren, könnte der Prediger auch aufs Erzählen verfallen. Er könnte von Franziskus von Assisi berichten oder von einem erfolgreichen Unternehmer, der auf der Höhe seines Erfolges sein Vermögen in eine soziale Stiftung einbringt. Aber bin ich Franziskus, bin ich jemand, der sich eine solche große Geste leisten kann? So mögen sich die Zuhörer fragen. Nein, diese Beispiele müssen nicht unbedingt ermutigen. Sie können auch ratlos machen. Wie aber, wenn die Predigt einfach fortfährt: „Denkt an Hans im Glück! Lasst mich von ihm erzählen." Es könnte sein, dass aus dem altvertrauten Märchen etwas Verlockendes leuchtet, das aufrichtet und befreit, sodass die Zuhörer in einem tiefen Sinn gewonnen und überzeugt sind. Das Herz stimmt zu, mag auch der Kopf nur zögerlich mittun. „Was hilft es einem Menschen, wenn er die ganze Welt gewinnt und dabei sich selbst verliert", hat Jesus gesagt. „Hans im Glück" ist einer, der alles verliert und doch nicht arm wird.
Selbstverständlich gibt es auch Gelegenheiten, bei denen Argumente zählen. Wenn etwa Christen gefragt sind, was sie zur Hoffnung berechtigt und worin diese Hoffnung denn besteht und wie man dieser Hoffnung helfen könnte, dass sie Hand und Fuß hat und konkret wird. Im 1. Petrusbrief (3,15) wird Christen

ausdrücklich aufgetragen, dann Rede und Antwort zu stehen. Da gilt es, wohl durchdacht Überzeugendes und Sinnvolles vorzubringen.
Aber gerade da, wo nicht Frage und Antwort, Rede und Gegenrede möglich sind, im landläufigen kirchlichen Gottesdienst also, wo Reden und Zuhören das Zusammensein prägen – neben Liedern und Musik, Beten und Feiern und dem Teilen des gesegneten Brotes –, da zählen vor allem Zuwendung und Zuspruch. Diese aber werden sich oft eher einer gleichnishaften Sprache bedienen, einer Symbolsprache, wie man auch gesagt hat, die assoziativ an schon Vertrautes erinnert. Dass dabei zuerst das Gemüt angerührt wird, dass es mehr um Emotion und Mitfühlen geht als um rationale Einsicht und Erkenntnis, das genau ist auch das Geheimnis der Märchen.
Ich denke natürlich nicht, dass man die Bibel durch ein Märchenbuch ersetzen soll oder kann. Im Märchenbuch steht nichts von Jesus Christus, der die Mitte des biblischen Evangeliums ist. Um diese Mitte sammelt sich alles, was Christenglaube ist und heißen darf. In unserer Beziehung zu dieser Mitte sind wir als Christen mit uns selbst identisch und für andere identifizierbar. „Christen sind wir wegen Christus", hat jemand knapp und deutlich formuliert. Aber weil die Märchen in der Tiefe unserer – persönlichen und kulturellen – Erinnerung beheimatet sind, kann es geschehen, dass Jesus, wenn er die Tiefe unseres Herzens berührt, dort Dornröschen oder Hänsel und Gretel begegnet und dass sie einander etwas zu sagen haben, dass sie Jesus Recht geben, weil sie sich von ihm verstanden fühlen. Denn die Märchen sprechen die Sprache der Sehnsucht und der Hoffnung, die Sprache mitfühlender Liebe – genau die Sprache, in der Jesus von Gott redet, seinem und unserem väterlichen und mütterlichen Gott.
So mag es eben nicht nur eine Spielerei sein, biblische Texte und Märchengeschichten miteinander ins Spiel zu bringen. Es mag auch etwas zu tun haben mit dem, was man in anderem Zusammenhang Inkulturation nennt, also die Verbindung von Christusglauben und überlieferter, vorchristlicher Kultur. Denn

es geht ja stets darum, Evangelium und Christentum sich nicht so in der guten Stube einer gewachsenen Kultur bewegen zu lassen, dass einem dazu nur der Elefant im Porzellanladen einfällt. Inkulturation bedeutet Umarmung, gegenseitige Wertschätzung und Bereicherung.

Das Wunderbare an den Märchen ist, dass sie keinen Zweifel daran lassen, dass am Ende der Teufel das Nachsehen hat. „Das Märchen wird zuletzt immer golden ... und der Teufel bleibt klein", hat Ernst Bloch treffend gesagt. Das mag man als naiv und verharmlosend empfinden. Aber dieser Einspruch ändert überhaupt nichts daran, dass unsere Seele nach solchem goldenen Segen hungert, dass sie „hungert und dürstet nach Gerechtigkeit", wie Jesus gesagt hat. Gewiss, dieser Hunger ist auch eine Anfrage an unsere Bereitschaft zum Engagement, vor allem wenn es die anderen sind, die wir hungern und Durst leiden sehen. Auch im Märchen engagieren sich Menschen, gehen weite, ungesicherte Wege, bestehen Prüfungen und gehen Wagnisse ein. Diese Eigenleistung dürfen sie nicht versäumen. Aber am Ende fällt ihnen der Erfolg doch in den Schoß, wie es auf das Sterntalermädchen güldene Dukaten regnet. Dieses gesegnete Ende ist es vor allem, in dem die Märchen mit dem biblischen Evangelium ganz einig gehen.

Denn eine gute Nachricht bleibt das biblische Wort auch da, wo es zum Engagement ruft. Es verbindet den Appell nämlich stets mit einem Versprechen. Es ruft die Menschen auf, sich energisch einzusetzen für die Rettung ihrer Welt. Aber es verspricht ihnen zugleich, dass ihr „Wollen und Vollbringen" Gottes eigenes, tiefstes Anliegen ist, wie Paulus im Philipperbrief in Kapitel 2,12-13 schreibt. Wenn es nämlich nur an uns läge, den Lauf der Geschichte und unser eigenes Leben zum guten Ende zu bringen, wie könnte einer da Hoffnung haben? Christen haben aber diese Hoffnung und setzen diese Hoffnung ins Werk, weil sie wissen, dass sie nicht auf verlorenem Posten stehen. Und so erkennen sie sich selbst wieder an der Seite von Christus, der sich wie der Prinz durch das Gestrüpp hindurchkämpft, um den hundertjährigen Bann zu brechen und Dornröschen wachzuküssen.